가맹거래사 7인이 들려주는
프랜차이즈
창업안내서

개정판

김 원 섭
민 경 화
박 재 우
신 하 나
양 찬 모
정 초 영
홍 희 진

 HAUM

초보 창업자를 위해 가맹거래사 7인이 들려주는
『프랜차이즈 창업 안내서』

2020년 봄, 가맹거래사 7인이 모여 '레인보우 가맹사업 연구회'를 시작했다. 연구회원들은 가맹거래사이자 각자 변호사, 법무사, 행정사, 소상공인 컨설턴트, 유통전문가, 가맹본부 임원으로 활동하고 있는 프랜차이즈 전문가들이다. 대한민국에 예비창업자들을 위한 프랜차이즈 창업 안내를 담은 책이 한권 정도는 있어야 하지 않을까 하는 사담에서 이 책은 시작되었다.

본서에는 프랜차이즈와 독립창업이 어떻게 다른지, 사업의 타당성 검토는 어떻게 해야 하는지, 프랜차이즈를 선택한다면 어떤 업종과 브랜드를 선택해야 하는지, 상가 임대차와 업종에 따라 어떤 행정 인허가 절차를 밟아야 하는지, 프랜차이즈 본사와의 분쟁 등에 어떻게 대처해야 하는지 등 말 그대로 초보 창업자를 위한 A부터 Z까지 원포인트 레슨이 7개의 파트로 나뉘어 담겨 있다.

창대한 창업의 꿈을 가진 예비창업자들, 우린 이들을 '김창대 씨'라 지칭하고자 한다. 코로나 팬데믹 이후 미궁 속으로 빠져들고 있는 경제 환경 속에서도 내일의 희망을 꿈꾸며 오늘 이 순간도 창대한 창업을 준비하는 수많은 김창대 씨들을 가슴 뜨겁게 응원한다. 그리고 이 책이 창업을 준비하는 시점부터 사업을 하는 중에도 언제든지 펼쳐 들 수 있는 창업의 매뉴얼, 더 나아가 프랜차이즈 사업 전반에 도움이 되는 매뉴얼이 되기를 바란다.

2021년 초판이 출간되고 우리들의 우려와는 다르게 많은 도움이 되었다는 독자 분들의 응원에 힘입어 『프랜차이즈 창업 안내서』는 완판 되었다. 이에 레인보우가맹사업연구회는 개정되는 법률이 반영된 개정판을 출간하여 그 고마움을 전하고자 하였다.

레인보우는 희망이며 꿈이다. 2022년에도 레인보우 가맹사업 연구회와 대한민국의 예비창업자 모두에게 찬란하게 빛나는 아름다운 무지개가 비치리라.

2022년 8월

레인보우 가맹사업 연구회

목차

PART I
프랜차이즈 개론

1
프랜차이즈가 무엇인가요

프랜차이즈, 뜻부터 알고 접근하자

실업률, 명예퇴직, 취업절벽 등 뉴스나 인터넷만 보면 항상 나오는 얘기들이다. 회사로 출근했던 사람들이 발길을 돌려 자영업의 길을 선택하게 되고 "나도 회사 때려치우고 치킨집 같은 거나 할까?"라는 농담은 이미 유행이 지난 지 오래다. 수많은 사람들이 자영업의 길로 들어서고 있고 포화상태에 이르러 그중 경쟁력이 없는 자영업자는 또 한 번의 명예퇴직을 경험하게 된다.

자영업이 힘들다는 것은 수많은 사람들이 알고 있다. 하지만 많은 사람들이 자의든 타의든 자영업의 길로 들어서고 있다. 한 TV 프로그램에서는 어떤 성공한 외식경영인이 초보(혹은 준비가 안 된) 외식업 자영업자를 대상으로 컨설팅을 해주지만 역시 성공률은 낮아 보인다.

사람들은 본능적 학습을 한다. 길거리에 생겨났다 사라지는 수많은 가게들을 보며 전쟁 같은 자영업 시장에서 살아남을 방법을 본인도 모르게 체득하게 된다. 그래서 내리는 결론들이 좋은 프랜차이즈를 통한 창업이다. 그러나 자영업 시장에서 살아남기 위해 선택한 프랜차이즈가 무엇을 의미하는지 열에 아홉은 정확하게 설명하기는 힘들 것이다.

아닐 수도 있겠지만 대부분의 자영업자들은 자신의 인생을 걸고 그 업을 시작한다. 이렇게 시작하는 나의 일이, 프랜차이즈가 무엇을 뜻하는지는 적어도 알고 시작하자.

프랜차이즈의 의미

대부분의 사람들은 프랜차이즈를 정확히 설명할 수는 없지만 프랜차이즈가 무엇을 의미하는지 느낌으로는 알고 있을 것이다. 하지만 여러분이 프랜차이즈 사업을 준비하는 입장이라면 프랜차이즈가 어떤 의미인지 정확히 알 필요가 있다. 내가 프랜차이즈 사업을 하고 있다고 생각했으나 현재 하는 업이 프랜차이즈가 아닌 경우도 있으며, 반대로 프랜차이즈가 아니라고 생각했으나 프랜차이즈인 경우도 있다.

프랜차이즈의 어원은, 고대 로마 시절 프랑크족은 엄청난 특권과 우대를 받으며 살았는데, 'franchise'는 프랑크족처럼 특권을 받는다는 의미로 사용되다 현재에 이르러 사업권을 준다는 의미로 발전되었다. 이처럼 프랜차이즈란 기술과 노하우를 가진 업체가 소자본을 가진 사업자에게 사업권을 준다는 의미이다. 법률적으로는 가맹본부가 가맹점사업자로 하여금 자기의 상표, 서비스표, 상호, 간판 그 밖의 영업표지를 사용하여 일정한 품질기준이나 영업방식에 따라 상품(원재료 및 부재료를 포함) 또는 용역을 판매하도록 함과 아울러 이에 따른 경영 및 영업활동 등에 대한 지원, 교육과 통제를 하며, 가맹점사업자는 영업표지의 사용과 경영 및 영업활동 등에 대한 지원, 교육의 대가로 가맹본부에 가맹금을 지원하는 계속된 거래 관계라고 정의한다. 쉽게 표현하자면 가맹본부는 가맹점사업자에게 노하우와 영업표지의 사용권을 부여하고 교육, 통제하며 가맹점사업자는 그에 대한 대가로 가맹비를 지급하는 지속적인 계약을 체결하는 관계라고 할 수 있다.

프랜차이즈 사업, 즉 가맹사업은 실질적인 형태로 해당 여부를 판단하게 되는데 법률적으로는 다섯 가지 요건을 정의하고 있다. ① 공통된 영업표지의 사용 ② 동일한 영업방식 ③ 가맹본부의 통제 교육 ④ 가맹금의 지급 ⑤ 계속된 거래 관계 이 다섯 가지에 해당하게 되면 본인이 프랜차이즈 사업 형태가 아니라고 주장하여도 법적으로는 프랜차이즈 사업에 해당하게 된다. 반대로 본인은 프랜차이즈 사업이라고 생각하고 있었으나 해당 사업 형태가 앞서 열거한 다섯가지 중에 하나라도 해당되지 않는다면 법적으로 프랜차이즈 사업에 해당하지 않는다.

왜 프랜차이즈여야 하는가

프랜차이즈는 자영업에 대한 경험이 없거나 해당 분야의 전문지식이 없더라도 가맹본부의 도움으로 안정적인 창업을 할 수 있기에 많은 예비창업자들이 프랜차이즈 형태의 창업을 선호한다. 인테리어에 대한 고민, 마케팅에 대한 고민, 메뉴 개발에 대한 고민 등 창업 과정의 많은 부분이 본사의 지원 아래 이루어지기 때문에 예비창업자가 창업 시 발생할 수 있는 시행착오와 비용을 줄일 수 있다. 또한 가맹본부에서 안정적으로 공급되는 물류는 대체로 부재료를 직접 구매하는 경우보다 저렴하며, 이미 알려진 브랜드의 경우 그 인지도 덕에 신규고객의 문턱도 낮출 수 있다. 그리고 슈퍼바이저의 정기적인 교육으로 인해 안정적인 경영관리도 가능하다. 이에 대한 대가로 가맹점사업자는 본사에 가맹금 및 로열티를 지불하며 상호 간의 공동이익을 도모하게 된다.

하지만 이런 프랜차이즈 사업이라도 리스크가 없는 것은 아니다. 가맹본부의 과도한 갑질, 가맹본부의 영업방침이 마음에 들지 않더라도 영업지침을 따라야 한다는 점, 그리고 사회적으로 큰 이슈가 되었던 가맹본부의 오너리스크 등 프랜차이즈 사업 특성상 가맹점은 가맹본부에 종속된 사업 형태를 유지할 수밖에 없기에 건강하지 못한 프랜차이즈를 선택하게 되면 사업을 운영하는 동안 많은 어려움을 겪게 될 수밖에 없다. 그래서 프랜차이즈 형태의 창업 시에는 건강한 가맹본부를 가릴 수 있는 눈이 꼭 필요하다.

건강한 프랜차이즈 찾기 첫걸음

프랜차이즈 형태의 창업은 초보 창업자에게 많은 부분에서 도움이 되긴 하지만 반대로 독이 될 수도 있기에 처음부터 건강한 프랜차이즈를 선택하는 것이 제일 중요하다. 하지만 초보 창업자 입장에서는 건강한 프랜차이즈를 선택하기란 매우 어려운 일이다.

건강한 프랜차이즈를 찾는 첫걸음은 바로 정보공개서의 정확한 확인에서부터 시작한다. 정보공개서란 가맹본부의 사업현황, 임원의 경력, 가맹점사업자의 부담, 영업활동의 조건, 가맹점사업자에 대한 지원, 교육, 훈련, 지도, 통제와 가맹계약의 해제, 해지, 갱신 그 밖에 해당 가맹사업에 관하여 대통령령이 정하는 사항을 수록하여 등록한 문서이다. 많은 창업자들이 가맹점 사업을 시작하며 계약한 상가의 부동산등기부 등본은 자세히 살펴보지만 정작 중요한 정보공개서 내용은 등한시하는 경우가 많다.

프랜차이즈 창업의 첫 단추는 정보공개서를 확인하는 것부터라고 해도 과언이 아니다. 정보공개서에는 가맹점사업자가 필수적으로 공급받아야 할 물품 항목부터 가맹본부 임원의 법 위반사항, 가맹금 항목 등 가맹사업을 운영하며 준수해야 할 대부분의 사항들이 안내되어 있다. 하지만 가맹사업을 처음 접하는 일반인 기준에서는 정보공개서를 본다 하더라도 해당 프랜차이즈의 전반적 상황을 알기에는 무리가 있다. 그래서 해당 분야에 자신이 없다면 가맹거래사 혹은 프랜차이즈 전문 변호사에게 상담을 받고 난 후 창업을 하는 것이 안전하다.

정보공개서 내용 중 가맹점 해지 시 과도한 위약금을 청구하거나, 예상 매출이 상식을 벗어나 과도하게 높다든가, 임원의 법 위반 사항이 있다든가 하는 브랜드는 피하는 것이 좋다. 또 너무 유행을 타는 아이템이라든가 다른 프랜차이즈를 카피한 듯한 소위 미투브랜드도 피하는 것이 좋다.

많은 창업자들이 인터넷 사이트나 카페 등의 광고를 보고 현혹되어 본사의 영업방침이나 가맹점사업자의 부담 등을 확인하지도 않고 덜컥 계약부터 하고 추후 문제가 생기고 나서야 이런 내용이 있는지 몰랐다며 억울해하는 경우가 많다. 법률에서는 가맹계약 14일 전 정보공개서와 가맹계약서를 가맹희망사에게 미리 제공하여 계약 전 충분히 숙고기간을 가질 수 있도록 정하고 있다. 정보공개서는 가맹사업에서 가장 중요한 기초이자 첫 단추이기에 반드시 정확히 내용을 숙지하고 가맹점 사업을 시작해야 한다.

• 코로나19로 시작된 '착한 프랜차이즈' 운동

2019년 12월 이웃 나라의 한 도시에서 무서운 병이 확산되기 시작하였다. 이웃 나라의 일이라고 생각만 하던 우리들에게도 이내 처음 겪어보는 공포의 재난이 덮치기 시작하였다. 이는 곧 경제 상황에 직격탄을 주어 수많은 자영업자들이 위기에 빠지게 되었고 중소기업은 물론 대기업까지도 매출 부진에 빠지게 되었으며 전 세계적으로 마이너스 성장을 기록하게 되었다.

이런 위기 상황 속에서 가맹점주 없이는 살아갈 수 없는 프랜차이즈 본사들의 상생 노력이 시작되었고 이내 프랜차이즈 본사들의 '착한 프랜차이즈' 운동 행렬이 시작되었다. 가맹본부들의 가맹 수수료(로열티) 인하 혹은 면제, 식자재 지원, 광고 및 판촉 지원, 휴점 지원, 임대료, 자금 지원, 방역 지원 등 다양한 방법으로 가맹점주들을 지원하였다.

샤부샤부 전문점인 채선당은 코로나19 사태로 인해 가맹점들의 매출이 50%까지 하락하자 가맹점들로부터 매달 받는 로열티를 2개월간 면제해주기로 하였으며, 자동차 정비 가맹본부인 블루핸즈, 오토큐는 상생을 위해 전 가맹점에 대해 3개월간 로열티 50% 인하와 코로나로 가장 힘들어진 대구, 경북 지역 가맹점에 대한 3월 로열티 면제를 결정하였다.

가맹점들이 가맹본부로부터 구입하는 식자재를 무상으로 지원하거나 할인해주는 가맹본부도 21개사에 달하였다. 치킨전문점인 치킨마루는 가맹점에 공급하는 계육 가격을 5~10% 인하하기로 했다. 치킨마루는 과거 AI 파동이나 폭염 사태로 계육 가격이 폭등했을 때도 계육 공급가를 인하하여 가맹점주들의 부담을 경감시켜 주기도 했었다.

코로나19 사태로 인해 감소하는 매출을 상승시키기 위해 가맹본부가 적극적으로 점주의 광고, 판촉비 부담을 지원하는 업체도 있다. 피자 전문점인 7번가피자는 매장 매출이 감소하고 배달주문이 증가하는 것을 고려해 지난 2월부터 배달앱의 요일 할인 프로모션 비용을 본사가 부담하여 가맹점들의 매출이 평상시 수준 이상으로 회복하였고, 맥주 전문점인 가르텐비어는 매출이 급감하는 반면 업종 특성상 배달이 가능한 메뉴가 거의 없어 가맹점주들이 어려움을 겪자, 가맹본부가 운영하는 배달 중심 프랜차이즈인 치킨퐁237 브랜드를 활용하여 가르텐비어 가맹점주도 원할 경우 치킨퐁237 가맹 교육을 이수하고 배달 판매를 가능하도록 했다.

코로나19 확진자의 방문으로 인해 휴업하여야 하는 가맹점이나 매출 하락으로 인한 휴업을 지원하는 가맹본부들도 나타났다. 김밥전문점인 얌샘김밥은 코로나19 확진자 방문으로 가맹점주가 자가격리 대상이 되어 2주간 휴업하게 되자 해당 가맹점주에게 매장 임대료 160만 원을 지급하기로 하였으며, 피트니스 프랜차이즈인 커브스는 코로나19 상황에 따라 가맹점주의 재량으로 휴관할 수 있도록 했고, 휴관 기간에는 가맹본부에 지급하여야 하는 로열티를 면제해주기로 했다.

매출 감소 등으로 인한 가맹점주들의 어려움을 직접적인 자금 지원을 통해 돕는 가맹본부들도 있다. 맥주전문점인 역전할머니맥주는 코로나19로 매출이 저조해지자 가맹점주들의 사기진작을 위해 426개 가맹점에 각각 현금 200만 원씩을 지원하고, 매출 진작을 위한 PPL 광고비 3억 원 전액을 부담하기로 했다.

정관장은 온라인 쇼핑몰에서 판매되는 제품의 매출을 주소지의 가맹점 매출 등으로 인정해주는 지원 제도를 운영하고 있는데, 코로나19로 인해 온라인쇼핑몰의 매출이 전년 동기 대비 200% 이상 증가하면서 가맹점주의 혜택이 늘었다.

이 외에도 교촌치킨은 대한적십자사의 대구지사에 2억 원을, 멕시카나치킨이 대구지역에 1억 원을 성금으로 전달했고, 연안식당은 일선에서 코로나19와 사투를 벌이는 의료진들을 위해 꼬막비빔밥 1만 개를 기부하는 등 코로나19의 위기 속에서 '착한 프랜차이즈' 운동은 계속 이어 나가고 있다.

2
프랜차이즈 역사

1970년대부터 시작된 프랜차이즈

한국 프랜차이즈의 시작은 1977년 명동 신세계백화점 식품매장에 문을 연 림스치킨으로 볼 수 있다. 림스치킨은 기존 전기구이 통닭의 형태에서 벗어난 현재 보편화된 조각치킨의 형태로 한국형 프라이드치킨의 시초라고 볼 수 있다. 하지만 백화점 식품매장에 문을 연 직영점에 불과해 현대식 프랜차이즈의 물류와 시스템을 도입하여 1979년에 소공동에 1호점을 개점한 롯데리아를 프랜차이즈의 시초로 꼽는 견해도 있다.

롯데리아의 성공은 한국 프랜차이즈 시장에 물꼬를 틔워주었다. 이후 버거킹, KFC, 맥도날드 등 글로벌 패스트푸드 프랜차이즈 브랜드들이 줄줄이 상륙하여 큰 유행을 하였고 이후엔 피자헛, 도미노피자, 토종브랜드인 미스터피자 등의 등장으로 피자 열풍이 불었다.

패스트푸드와 피자의 열풍은 1980년대에 이르러 한식 프랜차이즈로 이어갔다. 놀부보쌈, 원할머니보쌈, 춘천닭갈비 등 누구나 알만한 프랜차이즈의 시작이 되는 시기였으며, 높아진 국민소득과 세븐일레븐, 훼미리마트, LG25, 바이더웨이, 미니스톱 같은 POS 기반의 편의점이 성장하며,

POS를 기반으로 프랜차이즈 시스템이 한층 성장하는 계기가 되었다.

외환위기 그 이후

외환위기, 지금에 와서는 '그때 그 시절'이 되었지만 아직도 그 시절의 악몽에서 벗어나지 못한 가정도 있을 것이다. 아이러니하게 한국 프랜차이즈 시장은 외환위기를 기점으로 크게 성장하게 된다. 수많은 가장들이 직장을 잃은 후 퇴직금으로 가맹점 창업을 하게 되었다. 이렇게 기형적으로 성장하게 된 프랜차이즈 산업은 여러 가지 부작용을 가지고 있었고 한국 프랜차이즈 시장은 아직도 그 후유증을 앓고 있다. 불완전한 시스템 가맹본부의 난립으로 끊임없이 이어지는 가맹본부와 가맹점사업자 사이의 분쟁은 그 후유증의 대표적인 사례로 꼽을 수 있다.

프랜차이즈 산업의 급격한 발전을 통해 덩치가 커진 프랜차이즈 본사들은 본격적인 해외 진출로 새로운 사업 영역을 개척하고 있으며, K-POP, K-드라마와 더불어 K-뷰티의 유행은 화장품 프랜차이즈의 급격한 성장을 가져왔다. 스타벅스의 성공으로 아메리카노를 필두로 한 원두커피 시장은 지금도 폭발적으로 성장하고 있으며 프랜차이즈 시장의 많은 부분을 차지하고 있다.

해외브랜드의 지속적인 한국 진입과 한국 토종브랜드의 공격적인 해외 진출 등 한국 프랜차이즈 산업은 지금 이 순간에도 다각화되고 있으며 유행에 따라 발전하고 진화하고 있다.

• 서울미래유산이 된 프랜차이즈 림스치킨

림스치킨은 기존 '프라이드치킨'과 다른 새로운 맛을 탄생시켰으며, 국내의 프랜차이즈의 선구자로서 서울특별시 종로구 대학로 143번지에 위치한다.

림스치킨은 1983년 미국 뉴욕 국제발명전 식품발명 부문에서 금상을 수상하며, 치킨의 본고장인 미국에서 치킨 맛의 우수성을 입증하였다. 또한, 국내에 있어서 조각 닭의 판매와 파우더의 특허 취득 등을 통해 국내 최초로 치킨 전문 프랜차이즈의 문을 연 기업으로 2018년 기준으로 41년의 역사를 자랑한다.

림스치킨은 유석호 회장이 미국의 프라이드치킨 아이디어를 들여와 1977년 서울 명동 신세계백화점 본점에 치킨집 겸 호프집으로 개업을 하였으며, 이때부터 닭튀김이 인기를 끌었다. 그 후, 1983년 뉴욕 국제식품박람회에서 진생치킨으로 금상을 수상하였는데, 이 제품은 인삼 분말을 이용한 프리믹스를 사용한 독특한 프라이드치킨으로 미국에서 먼저 판매를 시작하였으며 1991년부터는 국내에서도 출시되었다. 이어서 1990년 미국 뉴욕 맨해튼에 가맹점이 진출했으며, 1993년에는 중국과 합작법인을 설립하기로 합의하고 상하이에 점포를 개설하였다. 2000년 중국 옌벤 엔지 백화점과 미국 로스앤젤레스에도 가맹점이 진출하였다. 2018년 현재 서울에서 가장 오래된 곳은 명동점이 없어졌기 때문에 혜화점으로 기록되고 있다.

림스치킨은 2017년 기준으로 22만 개의 가맹점과 50조 원의 규모를 자랑하는 프랜차이즈 시장의 리더 기업이다. 그중에서 가장 오래된 가맹점은 혜화점으로 35년째 운영하고 있는데, 고객층은 40~50대 남성으로 옛날 치킨의 맛을 그리워하는 사람들의 발길이 멈추지 않는다. 특히 혜화점은 극단이 밀집된 지역에 있어 연극인들의 친목 장소로도 인기가 많다. 또한 2017년에는 한국공정거래조정원이 국내 프랜차이즈 중 가장 장수한 브랜드로 림스치킨을 선정하여, 프랜차이즈 선구자로서 역량이 살아있음을 알 수 있다.

림스치킨은 대한민국 식문화의 변화뿐 아니라, 서울 시민에게는 가깝고 친근한 추억이 담긴 장소이며, 정보와 경영의 경험이 없이도 운영이 가능한 프랜차이즈라는 새로운 경영 방식을 알린 서울미래유산이다.

3
가맹점? 체인점? 대리점?

프랜차이즈와 체인점, 무엇이 다른가

흔히들 가맹사업을 보고 체인사업이라고 부르는 경우가 많다. 가맹본부에서도 차이점을 정확하게 이해하지 못하고 혼동하여 사용하는 경우도 많다. 하지만 가맹사업을 하려는 입장이라면 두 사업의 차이점을 정확히 이해하고 혼동하여 사용하는 일은 없도록 하자.

가맹점사업은 앞서 말한 바와 같이 가맹본부가 가맹점사업자에게 노하우와 영업표지의 사용권을 부여하고 교육, 통제를 하며 가맹점사업자는 그에 대한 대가로 가맹비를 지급하는 지속적인 계약을 체결하는 형태의 사업을 말하는 것이다. 반면 체인사업이라 함은 같은 업종의 여러 소매점포를 직영하거나 같은 업종의 여러 소매점포에 대하여 계속 경영을 지도하고 상품, 원재료 또는 용역을 공급하는 사업을 말하는데, 직영점형 체인사업, 프랜차이즈형 체인사업, 임의 가맹점형 체인사업, 조합형 체인사업 등이 있다.

즉, 체인사업은 여러 직영점 혹은 독립된 소매점포로 이루어진 사업 형태로, 중앙조직과 연쇄점 상호 간에 체인(chain)처럼 연결된 조직 구조를 갖는 사업 유형을 포괄적으로 말하는 것이며, 가맹사업은 여러 형태의 체인사업 중 하나의 카테고리로 체인사업이 상위개념이고 가맹사업은 하위개념으로 이해해야 한다. 다시 말하자면 '가맹점은 체인점이다.'라는 공식은 성립될 수 있지만 '체인점은 가맹점이다.'라는 공식은 성립될 수 없다.

대리점과 가맹점의 차이

대리점이란 법률에서는 공급업자로부터 상품 또는 용역을 공급받아 불특정 다수의 소매업자 또는 소비자에게 재판매 또는 위탁판매 하는 사업자라고 정의하고 있다. 우리가 흔히 알고 있는 통신사 대리점, 스포츠 매장 대리점, 전자제품 대리점 등 쉽게 떠올릴 수 있는 형태의 사업 유형이다. 하지만 가맹점과 어떻게 다를까?

대리점과 가맹점의 경계선은 아주 모호하다. 똑같은 화장품을 팔더라도 어떤 곳은 가맹점이며 어떤 곳은 대리점이다. 의류, 건강식품 등에서도 마찬가지다. 어떤 곳은 가맹점이며 또 다른 곳은 대리점이다. 대리점도 가맹점과 마찬가지로 대리점본부의 영업표지를 사용하고 일정한 품질기준이나 영업방식에 따라 상품을 판매하고 대리점본부의 지원, 교육, 통제를 받는다. 언뜻 보면 가맹점과 다를 바가 없어 보인다.

실무에서는 가맹금의 지급 여부에 따라 대리점과 가맹점을 구분 짓고 있다. 대리점은 개점 시 납부하는 보증금만 존재할 뿐 가맹점처럼 가맹본부에 정기적 혹은 비정기적으로 가맹금을 지급하지 않는다. 결국 똑같이 가맹본부 혹은 대리점본부에서 상품을 공급받고 판매를 하더라도 본부에 가맹금을 지급하면 가맹점, 가맹금을 지급하지 않으면 대리점으로 본다는 것인데, 이렇게 두 사이 간 경계는 모호하지만 사업자들이 지켜야 할 의무사항들은 완전히 달라진다.

가맹금의 항목 중 '차액가맹금*'이라는 항목이 있다. 일각에서는 대리점사업자가 대리점본부로부터 공급받는 물품에는 차액가맹금으로 볼 수 있는 항목들이 포함되어있기에 대리점도 가맹점으로 보아야 한다는 견해도 있다.

---

* 가맹점사업자가 가맹본부로부터 공급받는 상품, 원재료, 부재료, 정착물 등의 가격 또는 부동산의 임차료에 대하여 가맹본부에 정기적으로 또는 비정기적으로 지급하는 대가 중 적정한 도매가격을 넘는 대가

• 공정거래위원회의 심·결례 살펴보기

내 사업이 프랜차이즈가 아닌 줄 알았는데??
'무늬만 위탁관리계약, 실질은 가맹계약(정보공개서 제공 의무 위반)'
사건번호 2016가맹3179   의결번호 2017-080

가맹사업법은 가맹본부가 가맹희망자에게 공정거래위원회에 등록된 정보공개서
를 제공하지 아니하거나, 제공한 날부터 14일이 지나지 아니한 상태에서 가맹희망
자로부터 가맹금을 수령하거나 가맹희망자와 가맹계약을 체결하는 행위를 금지하
고 있다(가맹사업법 제7조 제3항). 이는 가맹희망자로 하여금 사전에 정보공개서
를 충분히 검토하여 가맹계약 체결 여부 등을 결정할 수 있도록 하기 위해 도입된
제도이다.

그러나 운영의 실질은 가맹계약임에도 가맹본부가 위탁관리계약 등의 다른 명칭
을 사용하면서, 가맹계약이 아니라는 이유로 정보공개서를 제공하지 않는 사례가
발생하고 있다. 이와 관련한 공정위 심·결례를 알아본다.

정보공개서 제공 의무 위반: 가맹본부가 가맹희망자에게 공정거래위원회에 등록
된 정보공개서를 제공하지 아니하거나, 제공한 날부터 14일이 지나지 아니한 상태
에서 가맹희망자로부터 가맹금을 수령하거나 가맹희망자와 가맹계약을 체결하는
행위

A 커피전문점 가맹본부의 가맹사업법 위반행위에 대한 건 → 시정명령 부과

A 가맹본부는 2013년 1월 소 대형병원 긴물 1층에 위치한 점포의 사용 허가 입찰
에 참여하여 낙찰자로 선정되었고, 해당 점포를 커피전문점으로 사용하기 위한 계
약을 체결하였다. A 가맹본부는 위 계약 체결 직후 가맹희망자와 커피전문점 위탁
관리계약을 체결하고 1년치 임차료, 인테리어 시공 비용, 교육비 등의 명목으로 총
316백만 원을 수령하였다.

A 가맹본부은 해당 가맹희망자와 체결한 계약이 가맹계약이 아닌, 위탁관리계약이라는 이유로 정보공개서를 제공하지 않았다. 그러나 A 가맹본부가 해당 가맹희망자와 체결한 계약은 그 명칭이 위탁관리계약이지만 그 계약 내용과 운영의 실질이 위·수탁거래가 아닌 가맹사업거래이기 때문에 가맹계약이다. 해당 계약 관계를 위·수탁거래로 볼 수 없는 이유는 점포에서 발생한 영업이익과 손실이 가맹본부가 아닌 점주에게 귀속되었고, 점포의 인테리어 비용, 각종 시설·집기 설치 비용, 임차료·관리비, 재고 손실 등 점포의 개설·운영에 소요되는 비용 등도 모두 점주가 부담하기 때문이다.

공정위는 이 사건 계약의 명칭과는 별개로 그 내용과 운영의 실질이 가맹계약이라고 판단하였고, A 가맹본부는 가맹사업에 해당함에도 정보공개서를 제공하지 않은 상태에서 가맹희망자와 가맹계약을 체결하고 가맹금을 수령하는 행위를 하였으므로, 가맹사업법 제7조(정보공개서의 제공 의무 등)에 위반된다고 판단하여 시정명령을 부과하였다.

4
한국 프랜차이즈 현황

본 장은 공정거래위원회의 2019년 기준 가맹 현황 분석 자료를 바탕으로 작성되었습니다.

가맹본부 운영 현황

현재 국내에서 운영되고 있는 가맹본부는 2019년도 말 기준으로 약 5,000여 개가 있다. 이들 가맹본부가 운영하는 브랜드는 약 6,000여 개이며 가맹점의 총 수는 250,000개에 이른다. 지난 5년간 가맹본부, 브랜드, 가맹점 수는 지속적으로 증가해 왔으나 증가 폭은 완만하게 줄어들고 있다.

가맹본부 · 가맹점 · 브랜드 수 증감표

구분		가맹본부	브랜드	가맹점
2014	개수(A)	3,482	4,288	194,199
	증감률	17.1	16.2	1.8
2015	개수	3,910	4,844	208,104
	증감률	12.3	13.0	7.2
2016	개수	4,268	5,273	218,997
	증감률	9.2	8.9	5.2

2017	개수	4,631	5,741	6,052
	증감률	8.5	8.9	5.4
2018	개수	4,882	6,052	243,454
	증감률	5.4	5.4	5.4
2019	개수(B)	5,175	6,353	254,040
	증감률	6.0	5.0	4.3
총계	(B/A)	148.6	148.2	130.8

가맹본부 및 브랜드 수의 경우는 단연 외식업종이 전체의 75%로 가장 많은 비중을 차지하고 있다. 그다음 서비스업이 20%, 도소매업이 5%의 비중을 차지하고 있으며, 외식업의 가맹점 수는 전체 가맹점의 48%가량 된다. 가맹본부와 브랜드 수에 비해 전체 가맹점이 낮은 이유는 외식업종의 브랜드당 가맹점 수가 약 25개 정도로 서비스나 도소매업에 비해 비교적 영세하기 때문이라 풀이된다.

업종별 가맹점, 브랜드당 가맹점 수

구분		가맹점 수		브랜드별 가맹점 수
		2017년	2018년	
외식	개수	117,202	122,574	25.6개
	비율	48.1%	48.2%	
	증감률	4.6		
서비스	개수	71,230	75,046	60.1개
	비율	29.3%	29.5%	
	증감률	5.4		
도소매	개수	55,022	56,420	181.1개
	비율	22.6%	22.2%	
	증감률	2.5		
계	개수	243,454	254,040	40.0개
	증감률	4.3		

외식업종 현황

외식업종은 우리나라 프랜차이즈 산업에서 가장 큰 비중을 차지하고 있다. 그중 가장 높은 비중은 치킨업종이 약 25,000여 개로 단연코 1위이며, 그다음으로 커피업종이 15,000여 개로 2위이다.

100개 이상의 가맹점을 가진 대형 브랜드는 약 230여 개로 전체 브랜드의 약 5%를 차지하고 있으며 전체 브랜드의 약 65%가 가맹점을 10개 미만 운영하는 영세기업이다. 그중 커피 및 제과제빵업종이 가맹점을 10개 미만 운영하는 브랜드가 65% 정도로 가장 높다.

주요 외식업종 브랜드별 가맹점 수 분포

가맹점 수		100개 이상	10개 이상	10개 미만	계
치킨	개수	54	159	225	438
	비율	12.3%	36.3%	51.4%	100%
피자	개수	16	41	72	129
	비율	12.4%	31.8%	55.8%	100%
커피	개수	31	92	215	338
	비율	9.2%	27.2%	63.6%	100%
패스트푸드	개수	6	26	51	83
	비율	7.2%	31.3%	61.4%	100%
제과제빵	개수	7	50	102	159
	비율	4.4%	31.4%	64.2%	100%
전체 외식업	개수	229	1,423	3,140	4,792
	비율	4.8%	29.7%	65.5%	100%

외식업종의 가맹점당 평균 매출액은 패스트푸드, 제과제빵업종이 4억 원 이상인 반면 치킨, 피자, 커피업종의 경우 3억 원 미만이다. 평균 매출액이 3억 이상인 외식브랜드는 약 770개로 전체 브랜드의 38.3%이며, 전체 외식브랜드의 12%는 평균 매출액이 1억 원 미만이다.

주요 외식업종 중에서 3억 원 이상 비율이 가장 높은 업종은 패스트푸드업종으로 32%이며, 커피업종의 25% 이상이 평균 매출액 1억 원 미만이다.

주요 외식업 가맹점 평균 매출액별 브랜드 수 분포

가맹점 평균 매출액		3억 이상	2억 이상	1억 이상	1억 미만	계
치킨	개수	34	64	90	51	239
	비율	14.2%	26.8%	37.7%	21.3%	100%
피자	개수	19	12	23	9	63
	비율	30.2%	19.0%	36.5%	14.3%	100%
커피	개수	10	33	73	44	160
	비율	6.3%	20.6%	45.6%	27.5%	100%
패스트푸드	개수	10	4	9	8	31
	비율	32.3%	12.9%	29.0%	25.8%	100%
제과제빵	개수	21	15	28	9	73
	비율	28.8%	20.5%	38.4%	12.3%	100%
전체 외식업	개수	771	469	532	239	2,011
	비율	38.3%	23.3%	26.5%	11.9%	100%

전체 외식업종의 브랜드 평균 존속기간은 6년 5개월이다. 그중 패스트푸드업종의 브랜드 평균 존속기간이 8년 2개월로 가장 길며, 치킨 7년 11개월, 제과제빵 7년 9개월, 커피 6년 2개월이다.

전체 외식업종 가맹점 개점률은 17.4%이나 폐점률도 10.8%나 되었다. 그중 커피업종이 18.5%로 가장 높고 폐점률은 치킨업종이 10.6%로 가장 높다. 또한, 주요 외식업종 모두 개점률이 폐점률보다 높으며, 커피업종은 개점률이 폐점률인 10.3%보다 8.2% 높다.

서비스업종의 가맹점 수는 외국어업종이 약 18,000개 교육업종이 15,000 개이며, 가맹점 증가율은 세탁업종이 7.8%로 가장 많이 증가하였다. 100 개 이상의 가맹점을 가진 브랜드는 총 125개이며, 브랜드 과반수가 가맹 점을 10개 미만 운영하고 있다.

주요 업종 중에서는 교육업종이 가맹점 100개 이상 운영하는 브랜드 비율이 가장 높은 반면, 이·미용업종이 가맹점을 10개 미만 운영하는 브 랜드 비율이 가장 높다.

주요 서비스업종 브랜드별 가맹점 수 분포

가맹점 수		100개 이상	10개 이상	10개 미만	계
외국어	개수	27	42	42	111
	비율	24.3%	37.8%	37.8%	100%
교육	개수	21	31	22	74
	비율	28.4%	41.9%	29.7%	100%
자동차	개수	11	18	27	56
	비율	19.6%	32.1%	48.2%	100%
이·미용	개수	11	66	94	171
	비율	6.4%	38.6%	55.0%	100%
세탁	개수	5	12	11	28
	비율	17.9%	42.9%	32.3%	100%
전체 서비스업	개수	125	425	699	1,249
	비율	10.0%	34.0%	56.0%	100%

서비스업종의 가맹점 평균 매출액은 자동차 관련, 이·미용업종이 3억 원 이상인 반면, 외국어, 교육, 세탁업종의 경우 1억 원 미만이다. 또한 평 균 매출액이 3억 원 이상인 서비스업 브랜드는 총 123개로 약 25%를 차 지하며, 전체 서비스업 브랜드의 35%는 평균 매출액이 1억 원 미만이다.

주요 서비스업종 중에서는 이·미용업종이 평균 매출액 3억 원 이상인 브랜드 비율이 약 43%로 가장 높게 나타난 반면, 세탁업종은 전체 브랜드의 90% 이상이 평균 매출액 1억 원 미만이다.

주요 서비스업 가맹점 평균 매출액별 브랜드 수 분포

가맹점 평균 매출액		3억 이상	2억 이상	1억 이상	1억 미만	계
외국어	개수	13	10	6	29	58
	비율	22.4%	17.2%	10.3%	50.0%	100%
교육	개수	5	4	8	21	38
	비율	13.2%	10.5%	21.1%	55.3%	100%
자동차	개수	7	1	4	12	24
	비율	29.2%	4.2%	16.7%	50.0%	100%
이·미용	개수	31	19	9	13	72
	비율	43.1%	26.4%	12.5%	18.1%	100%
세탁	개수	0	0	1	13	14
	비율	0.0%	0.0%	7.1%	92.9%	100%
전체 서비스업	개수	123	95	104	172	494
	비율	24.9%	19.2%	21.1%	34.8%	100%

전체 서비스업종의 브랜드 평균 존속기간은 8년이다. 외국어업종의 평균 존속기간은 11년 10개월로 가장 길며, 자동차 11년 9개월, 교육 11년 3개월, 이·미용 8년 8개월, 세탁 7년 10개월 순으로 높다.

전체 서비스업종의 개점률은 약 21% 폐점률은 약 10%이다. 그중 교육업종이 개점률 19.3% 폐점률 15.6%로 모두 높았다. 또한 주요 서비스업종 모두 개점률이 폐점률보다 높다.

도소매업종의 전체 가맹점 수는 편의점업종이 약 42,000개 화장품업종이 약 3,400개이다. 100개 이상 가맹점을 가진 브랜드는 총 43개로 약 13.8%를 차지하고 있고. 171개의 브랜드가 10개 미만의 가맹점을 운영하고 있는데, 도소매업 브랜드의 과반수이다.

주요 업종 중에서는 화장품업종이 가맹점 100개 이상 운영하는 브랜드 비율이 약 36%로 가장 높은 반면, 농수산물업종이 가맹점을 10개 미만 운영하는 브랜드 비율이 68.4%로 가장 높으며 도소매업종은 편의점 브랜드가 차지하는 가맹점 수 비율이 상대적으로 높은 것이 특징이다.

가맹점 평균 매출액은 종합소매점, 편의점업종이 5억 이상이나, 농수산물업종은 3억 원 이하이다. 평균 매출액이 3억 원 이상인 도소매업 브랜드는 약 70개로, 비율로는 전체 브랜드의 50%가량 된다. 반면 평균 매출액이 1억 원 미만인 브랜드는 약 19%가량 된다.

주요 도소매업 가맹점 평균 매출액별 브랜드 수 분포

가맹점 평균 매출액		3억 이상	2억 이상	1억 이상	1억 미만	계
편의점	개수	11	6	3	0	20
	비율	55.0%	30.0%	15.0%	0.0%	100%
화장품	개수	7	4	1	1	13
	비율	53.8%	30.8%	7.7%	7.7%	100%
식품	개수	2	0	0	4	6
	비율	33.3%	0.0%	0.0%	66.7%	100%
종합소매점	개수	6	2	0	0	8
	비율	75.0%	25.0%	0.0%	0.0%	100%
농수산물	개수	2	1	1	1	5
	비율	40.0%	20.0%	20.0%	20.0%	100%
전체 도소매업	개수	73	25	19	28	145
	비율	50.3%	17.2%	13.1%	19.3%	100%

전체 도소매업종의 브랜드 평균 존속기간은 11년 3개월이다. 그중 종합소매점업종의 평균 존속기간이 20년 4개월로 가장 길며, 화장품 16년, 편의점 11년 6개월, 식품 9년 6개월, 농수산물 7년 2개월 순이다.

전체 도소매업종의 개점률은 약 12%이며, 폐점률은 약 10%이다. 주요 도소매업종 중에서는 종합소매점업종의 개점률이 약 24%로 가장 높고, 화장품업종의 폐점률이 약 16%로 가장 높다. 특히 화장품업종의 폐점률은 개점률보다 높은 특징이 있다.

• **가맹본부와 가맹점사업자의 상생 협약 제도**

가맹사업법 제15조의 4(가맹본부와 가맹점사업자 간 협약 체결의 권장 등)는 공정거래위원회가 가맹본부와 가맹점사업자가 가맹사업 관계 법령의 준수 및 상호 지원·협력을 약속하는 자발적인 협약을 체결하도록 권장할 수 있다고 규정하고 있다. 아래는 공정거래위원회의 상생 협약과 관련된 주요 질의 답변 사례이다.

Q **상생 협약 체결 현황이 어떻게 되나요?**

A 가맹 분야 상생 협약은 지난해 CJ푸드빌㈜(뚜레쥬르)에서 최초로 체결한 이후 ㈜한국인삼공사(정관장), ㈜지에스 리테일(GS25), ㈜BGF리테일(CU), ㈜롯데리아(롯데리아), ㈜코리아세븐(세븐일레븐), 한국미니스톱㈜(미니스톱), ㈜파리크라상(파리바게뜨) 등 8개 업체가 체결하였습니다. 올해도 많은 가맹본부 및 가맹점사업자들이 상생 협약을 체결하거나 준비 중인 것으로 파악되고 있습니다.

Q **협약 체결에 별도의 절차나 공정거래위원회의 승인이 있어야 하나요?**

A 아닙니다. 협약 체결은 가맹본부와 가맹점사업자가 자발적으로 하는 것이므로 별도의 절차나 공정거래위원회의 승인은 없습니다. 다만, 공정거래위원회는 가맹본부·가맹점사업자 간 공정거래 및 상생 협력 협약 절차·지원 등에 관한 기준을 마련하여 협약 관련 가이드라인을 제시하고 필요한 경우 협약 내용에 대한 검토 등의 지원을 합니다. 아울러 매년 각 가맹본부의 협약 체결 내용 및 이행 실적에 대한 평가를 실시하여 인센티브를 부여하고 있습니다.

Q **상생 협약은 법적인 효력이 있나요?**

A 상생 협약은 가맹본부와 가맹점사업자가 상생을 위해 자발적으로 체결하는 협약으로, 가맹본부와 가맹점사업자가 공정거래와 상생 협력 의지를 선언하는 것으로서 법적 권리나 의무가 발생하지 않습니다. 다만, 자발적으로 체결하는 만큼 가맹본부와 가맹점사업자 모두 협약 내용을 준수하려는 노력을 경주해야 할 것입니다.

Q 협약을 위반하거나 협약이행 평가 결과가 나쁠 경우 처벌이 있나요?

A 아닙니다. 협약이행 평가는 가맹본부와 가맹점사업자의 자율적 상생 협력을 유도하는 것으로 이를 통해 가맹본부를 제재하는 것은 아닙니다. 오히려, 공정거래위원회는 가맹본부·가맹점사업자 간 공정거래 및 상생 협력 협약 절차·지원 등에 관한 기준에 따라 협약이행 평가 결과가 우수할 경우 직권조사 면제 등의 인센티브를 부여하고 있습니다.

5
프랜차이즈 전망

급격한 성장을 거둔 한국 프랜차이즈 산업은 아직도 과도기이다. 질적 성장보다는 양적 성장이 더욱 많은 수익을 가져다주기에 준비되지 않은 본사들이 양적 성장만을 목적으로 난립을 하기도 한다. 한 브랜드가 유행하면 형태와 사업성을 그대로 모방한 미투 브랜드들이 나타나는 것도 근절해야 할 형태이다.

가맹거래사 일을 하면서 여러 본사 혹은 가맹점주와 상담을 하다 보면, 준비 없이 시작한 업체들은 꼭 탈이 생기기 마련이었다. 반면 준비가 잘된 업체들은 본사와 가맹점주 간의 분쟁도 잘 생기지 않을뿐더러 가맹점 100호 200호를 넘어 해외 진출까지 순조롭게 이어지기도 한다.

전 세계적으로도 프랜차이즈 시장은 성장 중이다. 마찬가지로 한국 프랜차이즈 시장도 계속 커나갈 것이다. 배달 플랫폼을 타고 배달 형태의 프랜차이즈가 등장하기도 하고, 기존에 보기 힘들었던 아이템으로 니치 마켓을 노리는 프랜차이즈도 등장하고 있다.

우리나라는 프랜차이즈의 불공정을 규제하는 법률이 아주 잘 규정되어 있다. 성장은 반드시 부작용을 동반한다. 부작용이 생길수록 규제는 더욱 강화될 것이다. 준비 없이 시작하는 프랜차이즈는 이런 규제 속에서 살아남기 힘들다.

이 책이 건강하고 준비가 제대로 된 프랜차이즈를 찾는 눈을 기르는 데 도움이 되었으면 한다. 그리고 그런 눈을 가지고 자신 역시 철저히 준비한다면, 포화된 자영업 시장에서 꼭 성공적인 사업을 만들 수 있으리라 생각한다.

- **프랜차이즈 수준 평가**

매년 소상공인시장진흥공단에서는 정보공개서를 등록한 브랜드 중 직영점 1개와 가맹점을 10개 이상 운영 중인 프랜차이즈 본부(가맹사업 업력 1년 미만, 완전 자본잠식 상태, 대기업인 가맹본부 제외)를 대상으로 '프랜차이즈 수준 평가'를 실시하고 있다.

평가 항목 범주별 평가 요인은

A	가맹본부 특성	리더십, 기업 특성, 자원
B	계약 특성	계약 절차, 계약 조건
C	가맹점 지원	초기 지원, 지속 지원
D	관계 품질	관계의 질, 가맹사업자의 만족
E	시스템 성과	가맹본부 성과, 가맹점 성과

으로 현장 실사 및 가맹점 서베이를 통해 평가한다.

이 평가를 통해 이차돌, 혼자라고 굶지 마라! 1인용, 크린토피아, 바른치킨, 반딧불이, 한앤둘치킨, 푸라닭치킨, 크라운호프, 월드크리닝, 핸즈커피, 커피베이, 토프레소, 에듀플렉스, 깐깐한족발, 자담치킨, 메가MGC커피, 오레시피, 한마음정육식당, 수유리우동집, 강정구의 피자생각, 커브스, 아소비, 유가네닭갈비, 꼬지사께, 세븐스타코인노래연습장, 티바두마리치킨, 김형제고기의철학, 얌샘김밥, 33떡볶이가 프랜차이즈 수준 평가 결과 I·II등급으로 2020년 우수 프랜차이즈로 지정되었으며, 이 중 커피베이, 에듀플렉스, 메가MGC커피, 월드크리닝, 핸즈커피는 3년 연속 수준 평가 I등급 브랜드로 '명예의 전당'에 등록되는 영예를 누리게 되었다.

참고자료

1. 공정거래위원회 코로나19 관련 상생 확산을 위한 착한 프랜차이즈 사례

• **발표 보도자료**

1. 서울특별시 미래유산 futureheritage.seoul.go.kr

2. 소상공인시장진흥공단 www.semas.or.kr

3. 공정거래위원회 가맹사업 알리미 13호

4. 공정거래위원회 가맹사업 알리미 14호

5. 공정거래위원회 2019년 기준 가맹 현황 분석자료

저자

• **박재우**

가맹거래사

(사)대한가맹거래사협회 사무국장

스타프랜차이즈컨설팅협동조합 이사

소상공인시장진흥공단 재기전략 컨설턴트

서울특별시 서울형 프랜차이즈 컨설턴트

경실련 프랜차이즈 피해구제 법률상담관

PART II
프랜차이즈 브랜드 고르기

1
프랜차이즈와 업종

왜 창업희망자들이 가맹점사업자 방식의 창업을 하고자 하는지, 가맹사업의 기본특성이 무엇인지, 어떤 업종을 먼저 선택할 것인지 등에 대하여 먼저 간략히 살펴보고 브랜드(가맹본사) 고르는 기준을 알아보기로 한다.

가맹점사업자* 방식의 창업 이유

가맹점 창업은 독립적 창업에 비하여 추가적인 가맹 비용(가맹금, 로열티 등)이 소요되고 경영방식에 있어서 창의적인 독자적 경영의 제한** 등에도 불구하고 전문적인 지식 없이도 순조롭게 개점이 가능하고, 독립적인

---

* 가맹사업법상 프랜차이즈(franchise)사업을 가맹사업, 프랜차이저(franchiser)를 가맹본사, 프랜차이지(franchisee)를 가맹점사업자라는 용어로 사용하고 있다. 이하 가맹점사업자는 가맹점이라고 칭하기로 한다.
** 가맹점은 가맹본사의 경영 정책에 따라 사업 운영을 하여야 하며 독자 운영의 범위가 제한된다. 예를 들면 외식업에서 메뉴를 추가하려면 반드시 가맹본사의 허가가 있어야 한다.

창업보다 가맹점 운영도 비교적 쉬워 창업자가 많이 선호하는 방식이다.

가맹점 창업이 선호되는 이유는 예비 창업자들이 주로 다음과 같은 창업에 대한 불안감에 연유하는 바가 크다.

· 어떤 사업을 할 것인가에 대한 자신감 부족

창업자 스스로 일정 사업 구상이 있다 하더라도 이에 대한 시장 검증이 이루어질 때까지는 성공 여부에 대한 불안감이 있을 수밖에 없으며, 아예 스스로의 사업 구상이 없는 경우에는 더더욱 사업 성공에 대한 자신감이 부족할 수밖에 없다. 이 경우 이미 시장에서 검증되고 성공한 가맹사업은 사업 성공의 가능성과 확신을 높여줄 수 있어 사업 경험이 부족하여도 비교적 안정되게 가맹점 운영을 시작할 수 있다.

· 사업 착수에 대한 노하우 부족

사업 방식을 확정한 이후에도 실제 사업에 착수하기 위해서는 입지 선정, 점포 공사, 점포의 구조 및 설비 배치 등 사업 방식을 구체적으로 점포에 구현하기 위한 시간과 비용이 필요하나 이에 대한 노하우가 없는 창업자에게는 커다란 불안 요소가 되고 장시간이 소요되는 등 부담으로 작용한다.

이러한 연유로 많은 창업자들이 점포 입지 선정, 점포 개업 준비 등 사업 착수 및 준비에 대해 불필요한 시행착오나 시간 및 비용의 낭비를 줄일 수 있는 전문적인 노하우가 갖추어진 프랜차이즈 본사에 의존하는 가맹점 창업을 선택하게 된다.

‧ 브랜드 의존성의 심화 추세

브랜드란 특정 기업의 상품이나 서비스를 소비자에게 식별시키고 경쟁자의 그것들과 차별화하기 위하여 사용하는 이름, 용어, 표시, 상징, 도형 또는 이것들의 집합체(상표, 상호 기타 영업표지 등)로 상품이나 서비스의 출처 표시 기능, 품질 보호 기능을 넘어 광고 기능을 갖는다.

현대사회에 있어 갈수록 브랜드가 상품을 지배하고 있는 경향이 심화되고 있다. 기술력 발달로 기업 간 기술 차이보다는 브랜드 이미지 차이가 생겨 소비자는 수많은 상품이나 서비스 중 자신이 인지하고 있는 브랜드를 선택하는 경향이 심해졌다. 심지어 브랜드는 알아도 해당 브랜드 상품의 제조사(또는 가맹본사)가 어디인지는 모르는 경우도 있다(CU와 ㈜ BGF리테일, 뚜레쥬르와 ㈜CJ푸드빌 등).

특정 사업자의 브랜드가 소비자에게 인지되고 평가되기까지는 많은 시간과 비용(홍보 광고 등 마케팅)이 들고 평가 결과 좋은 브랜드로 인지되기 또한 쉽지 않아 창업자 입장에서는 불안 요소이며, 이미 시장에서 평가되고 인지된 가맹사업 브랜드를 이용하는 것은 가맹사업의 큰 장점이다.

‧ 사업 운영 방식에 대한 부담

사업 계획대로 창업하였다 하더라도 이를 지속적으로 성공적으로 운영해나가기 위해서는 많은 사업 운영 노하우와 절차가 필요하며 이에 익숙하지 않은 창업자는 많은 어려움으로 실패할 가능성이 크다.

프랜차이즈 시스템에는 제품 및 서비스 매뉴얼, 교육 프로그램, 품질관리, 마케팅, 세무, 슈퍼바이저를 통한 영업 지도 등 가맹점사업자의 지속 성장을 도모해줄 수 있는 다양한 노하우가 있어 가맹점 창업자는 비교적 쉽게 경영노하우를 쌓아나갈 수 있다.

아울러 개인이 할 수 없는 정도의 대규모 공동광고를 통해 효과적인 광고활동을 할 수 있으며, 품질 표준화를 통한 일정 설비와 원자재 구매를 통해 대량구매에 의한 원가절감을 도모할 수도 있다.

프랜차이즈 사업의 기본 특성

ㆍ 가맹사업법상 가맹사업의 정의(제2조 제1호)

'가맹사업'이라 함은 가맹본부가 가맹점사업자로 하여금 자기의 상표·서비스표·상호·간판 그 밖의 영업표지(이하 '영업표지'라 한다.)를 사용하여 일정한 품질기준이나 영업방식에 따라 상품(원재료 및 부재료를 포함한다. 이하 같다.) 또는 용역을 판매하도록 함과 아울러 이에 따른 경영 및 영업활동 등에 대한 지원·교육과 통제를 하며, 가맹점사업자는 영업표지의 사용과 경영 및 영업활동 등에 대한 지원·교육의 대가로 가맹본부에 가맹금을 지급하는 계속적인 거래 관계를 말한다.

ㆍ 가맹사업의 특성

① 상표, 서비스표 등 영업표지를 사용한다는 점과 관련하여 본사와 가맹점은 동일 영업표지를 사용하고 공동으로 평가된다는 점에서 모두 브랜드 가치 제고 노력이 요구된다. 특히 가맹점의 경우 직접적으로 고객과의 접점에 위치하기 때문에 가맹점의 품질이나 서비스가 고객들에게는 바로 해당 브랜드 전체의 가치로 인정되기 때문이다.

또한, 가맹사업의 경우 브랜드를 중심으로 본사와 가맹점, 가맹점과 가맹점 간 상호 유기적으로 영향을 미치므로 각각의 브랜드 가치 제고가 다른 당사자에게 긍정적 영향을 미치는 반면, 각각의 브랜드 가치 훼손은 다른 당사자에게 부정적 영향을 미친다. 이는 고객에게 긍정적 영향이나 부정적 영향을 미치는 경우 그러한 영향이 브랜드 전체에 영향을 미친다는 의미이다.

② 가맹본사의 일정 품질기준이나 영업방식에 따라 상품 또는 용역을 판매하여야 한다는 점과 관련하여 가맹사업은 브랜드라는 인식 특성상 통일성을 반드시 요구한다. 시각적 통일성(간판, 인테리어, 차량 등), 제공하는 상품의 통일성이나 서비스의 균질성 등을 통해 고객들은 해당 브랜드의 특징과 정체성을 인식하게 된다. 이러한 통일성이나 균질성은 매뉴얼 등으로 구체화되어 가맹점에 통일적인 상품 판매 또는 서비스 제공의 균질을 필수적으로 요구하게 된다.

③ 경영 및 영업활동에 대한 지원 교육과 통제를 한다는 점과 관련하여 가맹점이 살아야 본사가 사는 구조가 가맹사업이므로 가맹점의 성공을 위한 슈퍼바이저의 영업활동 지원이나 브랜드 통일성 등을 위한 교육과, 브랜드 통일성을 유지하고 브랜드 가치를 제고하기 위하여 브랜드 기준에 부적합한 가맹점에 대해서는 적절한 시정 요청 등 통제를 하게 된다. 영업 지원과 교육, 통제 모두 형태는 다르지만 궁극적으로는 가맹점과 가맹본사가 상생하기 위한 목적으로 이루어지는 일련의 활동이다.

· **프랜차이즈 가맹점의 장점**
① 본사의 프랜차이즈 방식을 이용하게 되므로 실패 위험성이 적다.
② 본사 주관으로 공동구매를 통한 원재료 공급으로 품질과 가격 면에

서 안정된 공급을 받을 수 있다.

③ 본사의 브랜드를 사용하여 처음부터 소비자 신뢰를 높일 수 있다.

④ 전국적인 광고 및 판촉활동으로 효과적인 판매촉진이 가능하다.

⑤ 비교적 소액자본으로 사업 시작이 가능하다.

⑥ 각종 경영지도하에 사업 운영이 가능하다.

⑦ 본사의 상품기획을 신뢰하고 가맹점 판매활동에 전념이 가능하다.

⑧ 본사 차원의 종합 기획으로 시장 여건 변화에 적절한 대응이 가능하다.

· **프랜차이즈 가맹점의 단점**

① 상표 및 상호 등 브랜드 가치 평가가 곤란하다.

② 본사의 가맹계약 불이행 시 갈등 조정이 어렵다.

③ 일부 가맹점의 문제가 프랜차이즈 시스템 전체에 영향을 줄 수 있다.

④ 서비스와 노하우에 대한 가맹금을 평가하는 데 어려움이 있다.

⑤ 본사 의존으로 자체 해결이나 개선 노력이 부족할 수 있다.

⑥ 본사의 통일 정책이 특정 가맹점 실정에 맞지 않을 수 있다.

업종의 선택

· **자신의 상황**

가맹희망자 자신의 가맹점사업자로서의 적합도(투자 여력: 투자금 및 자금 부족 시 조달 방안과 최소 일정 기간의 운영자금, 경영 능력: 기술이나 자격증 보유 또는 서비스나 마케팅 능력과 유사 업무 수행 경험, 경영 의지: 하루 일할 수 있는 시간과

의지, 투자용 창업인지 생계형 창업인지…)를 충분히 고려한 후 이에 적합한 업종을 선택하는 것이 좋다.

본인의 과거경력, 기술경력, 시스템 이해도, 능력 및 취향, 적성, 자금조달능력, 성격, 인맥, 전업 여부 및 가족 지원 등 주변 여건 등을 감안하여 본인에게 가장 적합하고 잘 알고 좋아하는 분야를 선정해야 한다. 단순히 돈을 많이 벌 수 있는 아이템이라는 식의 유혹에 현혹되어 아이템을 선정하면 실패하기가 쉽다.

· 유행 아이템과 유망 아이템

아이템(판매할 재화나 서비스)에 대한 이해도나 적합도, 사업 아이템의 특성, 사업 아이템의 수명주기, 수월성, 공익성과 법적 규제 등까지 검토하고, 가맹희망자에게 가맹하기 쉬운 콘셉트(상품 및 서비스, 표적 시장, 가격대, 매장 분위기, 서비스 수준, 매장 규모, 영업시간, 판매 방법 등)인지 여부에 대해서도 알아볼 필요가 있다.

시장에서 도입기나 성장기에 있는 유망 아이템으로 창업하면 성공 가능성이 높고, 성숙기나 쇠퇴기에 있는 유행 아이템으로 창업을 하면 실패하기가 쉬우며 유행 아이템과 유망 아이템의 차이는 아래와 같은 특징이 있다.

① 유행 아이템 검증받지 않은 도입기의 아이템, 비수기가 있는 제품, 기술적인 노하우가 필요 없고 누구나 하기 쉬운 아이템, 꾸준한 수요의 반복과 지속이 안 되는 아이템, 시대변화에 뒤처지는 아이템 등이 특징이다.

② 유망 아이템 특별한 수요층이 있는 아이템, 비수기가 없거나 짧은 아이템, 소비행위가 빈번하고 계속적으로 일어나는 아이템, 지속적으로

신상품 공급이 이루어지는 아이템, 시대변화에 부응하는 아이템 등이 특징이다.

따라서 본인이 창업을 하고자 하는 아이템이 시장에서 유망 아이템인지 아니면 유행 아이템인지 여부를 잘 확인하여야 한다(대왕 카스테라의 일시 유행 사례). 가능하면 현재 시장에서 도입기나 성장기에 있는 아이템을 벤치마킹하는 것이 좋으며 외식업은 맛, 도소매업은 유통라인, 서비스업은 기술에 중점을 두어 아이템을 선정하는 것이 좋다.

· 상품이나 서비스의 가격

대상 업종의 상품이나 서비스가 너무 고가이면 고객의 비용 지출 대비 효용이 적어 고객이 구매를 망설이게 되고 이는 매출 발생에 저해 요인이 되는 반면, 가격이 저가라면 마진에 대한 압박이 커지므로 품질 저하 등이 우려된다. 제품 가성비가 좋으면 고객도 성능대비 저렴한 가격에 만족하고 가맹점주도 적정 이윤 측면에서 경영상 안정적인 사업 운영이 가능할 수 있다.

· 인구 및 소비자 특성

업종 선택 시 지역적 인구 및 소비자 특성 등을 확인하여 매장의 접근 용이성과 가격, 맛과 양, 브랜드 이미지와 명성의 연관성 등을 고려할 필요도 있다.

· 입지 특성

업종에 따라 직업, 학력, 연령, 소득에 따라 영향을 많이 받을 수 있으므로 직장 근처, 학교 근처, 쇼핑몰이나 극장 근처 등 입지와 연관되어 업종과 브랜드를 선택하는 것도 중요하다.

· 사업의 지속 가능성

비교적 적은 창업 비용과 생계형 창업 및 불투명한 장래에 대한 창업이 적지 않은 현실을 감안할 때 사업의 지속가능성을 염두에 두고 아이템에 대한 지속적인 제공이 이루어지는지 확인하는 것도 매우 중요하다.

2
프랜차이즈 브랜드 고르기

제대로 된 프랜차이즈 브랜드를 고르기 위해서는 우선 해당 브랜드의 일반적인 신뢰도 및 프랜차이즈 시스템과 지원 상황에 대한 확인 점검, 구체적으로 해당 브랜드의 정보공개서를 통한 세부정보 확인 후 종합적으로 실제 현장 확인 등 재차 삼차 확인을 하여도 지나치지 않다.

브랜드 신뢰도

브랜드 선정 시 우선 해당 브랜드를 믿을 수 있는지는 다양한 접근을 통해 확인이 필요하며, 다음과 같은 항목을 통해 브랜드 신뢰도를 검증, 확인하여야 한다. 브랜드 신뢰도 내용은 정보공개서 검토 내용과 일부 중복될 수도 있다.

· 최고경영자의 경영 마인드와 사업 비전이 있는가

가맹점과 성공을 공유한다는 마인드가 있는지, 미래 비전과 사업계획을 가지고 있는지 확인해 볼 필요가 있다. 외형적인 성장에만 치우친 것이 아닌 내실을 다진 브랜드인지, 공정한 계약과 체계적이고 전문적인 교육 시스템이 갖추어져 있는지 확인이 필요하다.

· 시장과 소비자의 변화에 능동적으로 대응해 변화하는 능력이 있는가

본사가 추가로 브랜드를 진행 중에 있다면 기존 방식에서 벗어나 시장 변화에 적극 대응해가고 있다고 판단할 수 있으며 이는 본사의 경영능력을 판단하는 데 신뢰도와 자신감을 판단할 수 있는 참고사항이다.

· 브랜드가 가지고 있는 대중성과 차별화 요소를 갖추고 있는가

대중성이란 일반인이 친숙하게 느끼고 즐기며 좋아할 수 있는 것을 말하며 차별화란 보통과 다른 독보적인 특징이 있다는 말이다. 따라서 창업 성공법칙으로 불리는 대중성과 차별화는 친숙하게 느껴 부담이 없으면서도 보통과 다른 특징이 있다는 것을 의미한다.

· 가맹점 선발 방법은 어떠한가

① 사업가적 자질, 재정 상태 등 자격을 갖춘 가맹점을 뽑아 훈련을 통해 유능한 가맹점으로 키우고 있는가. 아무나 마구 선발하여 가맹점 확대에만 주력하는가, 본사의 경영철학과 프랜차이즈 개념을 이해하고 사업 자질을 제대로 파악하여 가맹계약을 체결하는가(재정 상태, 경력과 학력, 경영철학 및 프랜차이즈 개념 이해도, 사업가적 자질)에 대한 확인이 필요하다.

② 가맹점은 본사의 브랜드 아래 최종소비자와 직접 접촉하며 상품이나 서비스를 판매하기 때문에 고객 입장에서는 가맹점과 본사를 동일시한다. 가맹점의 품질 불량은 단순히 본사에만 악영향을 끼치는 것이 아

니라 브랜드 전체의 가치를 저하시켜 다른 가맹점 전체에게도 악영향을 끼치므로 가맹점 선발은 가맹본사 및 가맹점 모두를 위하여 중요한 요인이다.

③ 가맹점 확장을 위해 영업 대행 방식을 하는지 자연적인 확산을 도모하고 있는가. 가맹점 운영에 매출이나 수익성 등등 여러 가지 측면에서 만족할 경우 당사자가 추가로 개설을 하거나 아니면 가장 애정이 가는 가족이나 친지 혹은 지인에게 적극적인 추천이 가능하다. 이럴 경우 사전에 매장에서 운영의 경험을 쌓을 수 있는 기회까지 가능하기 때문에 성공적인 창업으로 진행될 가능성은 더욱 크다.

④ 본사에서 가맹점을 조기에 확보하기 위해서 대대적인 매체 광고를 하거나, 입소문 마케팅을 통해 자연스러운 확장을 전개하는 방법이 있다. 소문을 통해 확장을 노리는 경우에는 확장 속도가 느리지만 제대로 가는 경우이며 창업자 입장에서 생각해보면 가급적 이런 업체를 선택하는 것이 유리하다. 대부분 이미 점포 운영을 통해 아이템의 검증을 마친 후이고 확신을 가지고 있기 때문이다.

⑤ 가맹 의지가 약한 창업자를 상담과 설득을 통해 가맹계약으로 발전시키는 것보다는 가맹 의지가 확실한 창업자를 가맹점주로 선택하는 것이 모든 면에서 이익이므로 어떤 유형인지 확인이 필요하다.

· 소비자의 선호도 변화에 민감하게 반응하는가

적절한 시기에 신상품을 출시하여 가맹점의 경쟁력을 유지하는가. 가맹사업 분야에서도 시대의 흐름과 소비자의 선호를 잘 파악하여 혁신적으로 대응해야만 경쟁에서 살아남고 고객의 선택을 끊임없이 받을 수 있다. 햄버거 점포에서 치킨 및 샐러드 판매, 아침의 경우 팬케이크나 오렌지 주스 제공, 자동차 이동하면서 구매가 가능한 방식, 배달 방식 추가 등의 시대 흐름과 소비자 선호를 따라가지 않으면 보이지 않게 시장에서 멀어져 갈 수 있다.

· **다점포율**(점주 1명이 점포 2개 이상 운영하는 비율)

다점포 비율이 높을수록 유망업종이며 장사가 잘되기 때문에 여러 매장을 보유하고 있는 것이므로 브랜드 신뢰도와 연관 관계가 높다.

· **본사와 가맹점 간 대화 통로**

본사와 가맹점은 각각 독립한 사업자이다. 하지만 역할만 다르지 한 방향을 보고 가는 동반자이므로 본사나 가맹점 어느 한쪽이 흔들려도 양측 모두가 곤경에 처하게 된다. 따라서 동반자적인 역할이 필요한 반면 서로 다른 역할로 인하여 이해충돌이 생길 여지도 적지 않다.

가맹사업법상 보장된 가맹점 단체 설립은 별도로 하더라도 서로 간 평소의 자연스러운 소통(뉴스레터, 정기적인 회의, 시스템 공지 및 건의란 개설 등)을 통해 지속적으로 진지한 대화가 가능한지, 사전에 이해충돌을 피할 수 있는 시스템으로 장기적인 상호발전을 추구하는지를 파악하여야 한다. 이러한 충분한 시스템을 보유한 가맹본사라면 자신감 있게 경영을 하는 신뢰 있는 브랜드라고 판단할 수 있을 것이다.

· **품질 경쟁력을 가진 브랜드인가**

경쟁상품에 비해 동일한 가격대에서 우위를 점할만한 상품 우위성을 가졌는지, 음식업종이라면 같은 가격에 맛이 더 있어야 한다는 점이며, 단순히 좋은 음식을 좋은 가격으로 제공하는 것만으로는 소비자의 충족을 이끌어내기 어렵고 고객을 응대하는 방식도 매우 중요한 경쟁 요소이다.

· 원가 경쟁력이 있는 브랜드인가

원가 경쟁력이란 경쟁자와 동일 유사 품질 상품을 만드는 데 드는 비용이 더 적게 든다는 의미이다. 이는 공정 효율화나 보다 저렴한 원자재가 등에 기인하여 이러한 원가 경쟁력이 있는지를 파악해 보아야 한다.

· 매출 변동성

원자재 구매가 어렵거나 변동 폭이 크거나, 계절별로 매출 변동이 크거나, 소비자의 기호가 일정하지 않은 사업 콘셉트는 매출 안정성이 떨어져 지속가능성에 문제가 있다.

· 상품 또는 사업 수명주기

상품이나 사업의 수명주기가 짧은 경우 투자금 회수가 어려울 수 있고, 수명주기가 긴 상품이라 하더라도 이미 성숙기에 접어든 이후라면 기대 이상의 매출이나 이익을 얻기 어려울 수 있으며, 시장의 규모에 따라서도 매출 및 이익 면에 미치는 영향이 크므로 확인이 필요하다.

· 브랜드 파워

브랜드 파워는 상품 및 서비스의 경쟁력에서 파생되지만 최근에는 브랜드 자체가 상품의 경쟁력을 갖게 되어 브랜드 관리는 기업의 대단한

과제이다. 브랜드는 단순한 상품 식별력의 차원을 넘어서 자체가 자산이 되고 있고, 갈수록 기업경쟁이 치열해지고 상품 과다로 점점 상품의 식별력을 잃어가는 상황에서 기존 유명 브랜드의 가치는 더욱 올라가고 있다. 갈수록 브랜드 인지도와 이미지를 통한 브랜드 가치가 중요한 이유이다.[*]

따라서 해당 브랜드가 동종업계에서 이미 브랜드 가치를 인정받고 있는지, 마케팅 활동을 통해 브랜드를 소비자들에게 좋은 이미지로 지속 인지시키고 있는지를 확인하여야 한다.

· **신뢰하기 어려워 가급적 피해야 할 브랜드**(가맹본사) **유형**

다음의 항목들 중 다수의 항목에 해당하는 브랜드(가맹본사)는 신뢰하기 어려워 가맹계약을 피하는 것이 좋다.

① 직영점이 없거나 운영 기간이 짧고 가맹점 수가 너무 적은 브랜드 자본력이 취약하거나 경영 노하우 축적이 어려워 충분한 검증이 이루어지지 않아 가맹점에 대한 적절한 지원이 어려울 수 있다.

② 너무 저렴하거나 공짜 가맹금 등 프랜차이즈 비용을 내세우는 브랜드 가맹금이나 로열티가 없는 브랜드는 인테리어 비용을 부풀려 받거나 물품대금으로 수익을 내거나 이후 경영 지원을 하기 어렵다.

③ 선금을 요구하며 조급하게 의사결정을 재촉하며 일단 모집부터 하려는

---

[*] 2020. 1. 28. 영국 컨설팅 업체 브랜드 파이낸스가 발표한 '2020년 세계 브랜드 가치 순위 500'에 따르면 아마존이 2,207억 달러, 구글이 1,597억 달러, 애플이 1,405억 달러, 마이크로소프트가 1,170억 달러, 삼성전자가 945억 달러로 평가되었다. 매일경제, 영 브랜드파이낸스 조사, 삼성전자 브랜드 '세계5위', 2020. 1. 28. https://www.mk.co.kr/news/business/view/2020/01/88516/

브랜드 가맹희망자가 망설이면 가맹조건을 낮추며 계약을 서두르는 브랜드로 신뢰하기 어렵다.

④ 객관적 근거 없이 고수익 등 성공을 유혹하는 브랜드 투자 대비 수익은 높다는 식의 허황된 이야기를 하는 본사로 신뢰하기 어렵다.

⑤ 지나치게 많은 광고를 하는 브랜드 거의 매일 광고하거나 광고내용 자체가 브랜드 홍보보다는 가맹모집 중심으로 이루어지는 본사로 브랜드 가치를 기대하기 어렵다.

⑥ 교육 프로그램과 매뉴얼이 없는 브랜드 교육이 필요 없다고 하거나 운영 및 교육 매뉴얼이 없는 브랜드는 단기에 사라질 가능성이 크다.

⑦ 임시 영업직이 있는 브랜드 가맹점 예비 사업자를 가맹본사에 소개시켜 주고 수수료를 받는 임시영업직은 가맹희망자를 유혹할 가능성이 매우 크다.

⑧ 지나치게 브랜드 수가 많거나 단기간 내 여러 브랜드를 출점시키는 가맹본사 특별히 성공한 브랜드도 없이 자꾸 새로운 브랜드를 만들어 내거나 단기에 여러 브랜드를 런칭시키는 가맹본사는 브랜드별로 충분한 경영 노하우도 쌓이지 않고 백화점식 브랜드를 만들어 가맹점을 만들어내는 것으로 신뢰하기 어렵다.

⑨ 정보공개서나 홈페이지가 없는 브랜드 살펴볼 필요도 없이 가맹본사로 신뢰할 수 없다.

프랜차이즈 시스템 및 지원

본사 지원을 받기 위해 프랜차이즈를 선택하는 만큼 교육 및 물류 시스템이 안정적이고 체계적이어야 한다. 무리한 매장 확장에만 신경을 쓰고 창업 후 특별한 지원이 없는 경우도 있고, 물류 시스템이 불안하여 창업 초기 가맹점 안착에 지장을 초래하기도 한다. 초기 창업 준비부터 매장 운영 등까지 하나하나 체계적으로 잘 갖춰져 있는지 꼭 살펴보아야 한다.

프랜차이즈 사업은 시스템 사업이라 불린다. 단순히 물류나 상품만을 제공하는 것이 아니라 점포 운영에 필요한 모든 경영 노하우를 가맹점에 제공하기 때문이다. 프랜차이즈 본사 시스템이 잘 갖춰져 있는지 알기 위한 가장 쉬운 방법은 매뉴얼을 살펴보는 것이다. 본사 운영, 제조·배송, 가맹점 관리·감독, 가맹점 교육·지원 등이 모두 매뉴얼화되어 있는지, 그리고 잘 실천되고 있는지를 따져야 한다.

· **매뉴얼**

매뉴얼은 품질관리 및 서비스 제공의 기준이 되는 통일적인 문서일 뿐만 아니라 성공 노하우가 담긴 중요한 문서이므로 매뉴얼 자체가 브랜드의 핵심이라고 보아도 무방하다. 이러한 매뉴얼이 체계적으로 정립되고 실제 준수되고 교육되고 있는지는 가맹본사의 품질을 판단하는 중요한 기준이므로 반드시 확인하여야 한다.

· **지원 시스템**

① 슈퍼바이징 시스템 프랜차이즈 시스템을 유지하기 위한 핵심 기능으로 슈퍼바이저에 의해 수행된다. 주로 영업지도, 소통, 감독 및 통제 등의 역할을 하지만 본질적으로는 매뉴얼의 실질적인 적용을 통해 가맹점

의 성공을 도모하기 위한 수단들이며, 문제점 파악 및 개선을 통해 가맹점 성과 극대화를 도모하는 것이 주된 목적이다. 슈퍼바이저 파견으로 매장의 지속적인 관리와 매출 부진 점포에 대한 분석과 매출 향상을 위한 지원, 가맹점이 매출 증가와 더불어 수익이 나도록 계속적인 영업 지원을 하는지 확인하여야 한다.

② **정보화 시스템**(매출- POS, 주문, 배송, 재고관리, 커뮤니케이션 관리 시스템 등) 등 프랜차이즈 시스템을 잘 반영 유지하는 경영정보 시스템이 있는지는 매우 중요하다.

③ **물류 시스템·원부자재 개발 시스템** 원부자재가 가맹점에게 전달되는 과정으로 주문, 포장, 운송, 재고 등의 기능을 유기적으로 연결하여 물류 비용이나 시간을 최적화할 수 있다. 품질은 상품의 품질 경쟁력에 영향을 미치고 가격은 가맹점의 수익성에 영향을 미친다. 따라서 신뢰성 있는 공급업자가 경쟁력 있는 가격으로 좋은 품질의 원자재를 적시에 공급할 수 있는 적절한 원자재 발굴 및 신뢰성 있는 공급업자 발굴 시스템이 있어야 한다.

④ **입지분석 시스템**이 있는지 개점 노하우가 있는지도 확인하여 판단하여야 한다.

⑤ **마케팅 관리 시스템** 본사의 가맹점 및 고객을 위한 마케팅 활동과 가맹점 스스로의 고객에 대한 마케팅 활동도 필요한 반면, 가맹점 스스로 마케팅에 대한 지식과 이해가 부족하므로 본사가 마케팅 계획을 수립하고 가맹점이 마케팅 활동(개업 후 촉진 활동- 광고, 판촉, 시연회, 할인쿠폰, 지역 이벤트 후원 등)을 할 수 있도록 지원하는 시스템이 있어야 한다.

· **교육 시스템**

전체 가맹점의 표준화된 상품이나 서비스 제공을 통해 고객에게 일정 이미지를 심어주어 브랜드 가치를 높이기 위해서는 프랜차이즈 시스템에서 교육이 필요하다. 가맹점마다 마인드가 다르고 본사 매뉴얼 준수도가 서로 상이하게 되어 상품이나 서비스의 품질이 상이하게 나타날 수 있기 때문이다.

고객에게 동일한 상품과 균질한 서비스를 제공하기 위해서는 가맹점에 대한 교육이 필요하고 가맹점 입장에서는 점포 경영을 위한 경영개념 및 기능적 교육이 필요하며 매뉴얼은 바로 이러한 교육의 기본 교재이다. 객관적이고 명시적인 교육목표와 주기적인 교육을 위하여는 적절한 교육 장소와 교육 설비 그리고 전담직원이 필수적이다.

· **기타 지원 시스템**

행정, 세무, 보험, 노무, 법무, A/S 처리에 대한 지원, 부가가치세, 종합소득세 산정 방법 및 신고 절차, 고용보험, 산재보험, 국민연금, 건강보험 등에 대한 신고 내용과 방법 등에 대한 조언 역량이 있는지 확인이 필요하다(담당 부서 또는 상시 자문 외부 전문가 등).

정보공개서 확인

· **정보공개서 읽기 전에**

① 정보공개서 내용 중 이해가 가지 않는 부분은 가맹본부 측에 충분한 설명을 요구하고 가맹거래사나 변호사 등 전문가에게 자문을 요청하

는 것이 바람직하다.

② 정보공개서와 같이 제공되는 창업 하고자 하는 점포 예정지 인근 10곳의 정보(가맹점명, 소재지, 전화번호)를 받아 인근 점포를 직접 방문하여 가맹본부를 신뢰할 수 있는지 확인하여야 한다. 또한 가맹계약 체결 전 14일 이전에 제공되는 가맹계약서의 권리와 의무 내용도 꼼꼼히 확인하여야 한다.

③ 가맹본부와 상담하기 전 가맹사업 거래 홈페이지(http://franchise.ftc.go.kr) 공지사항 '창업희망자가 알아야 할 10가지 필수사항*', '창업희망자를 위한 가맹사업 계약체결 안내서'를 확인하여 참조하여야 한다.

④ 정보공개서에 매우 다양한 세부적인 정보들이 포함되어 있으나 이를 아래와 같이 유형별로 분류하여 검토할 필요가 있다.

신뢰성 전문성	임원 및 직원 현황, 본부의 브랜드 수 및 다른 가맹사업 경영사실, 가맹사업법 등 제반 규정 준수 여부, 상표 및 서비스표 등록 여부, 가맹금 반환 여부, 법적 절차 준수 여부 등
수익성	가맹비 및 투자 비용, 가맹점 평균 매출 현황, 로열티 등 거래 조건 및 대금 결제 방법 등
성장성	가맹점 증가율, 본부 매출 증가율, 가맹점 매출 증가율, 업종 전망, 아이템의 경쟁력, 상품 개발 능력
안정성	가맹사업 운영 연수, 기업 형태, 재무구조 및 경영 실적, 폐점률, 제조 및 물류 현황 등
가맹점 지원 수준	본부의 광고 판촉 지원 및 가맹점 부담 내역, 정보화 수준(홈페이지, POS 등) 및 물류 시스템, 관리·감독 현황, 가맹점 교육 현황, 가맹점 운영 매뉴얼, 슈퍼바이저 방문 여부 및 관리 내역, 영업지역 보호 여부, 점포 환경개선 지원, 판촉 행사 지원, 경영 지원 등

* 10가지 필수사항으로 다음 내용을 들고 있다. 1. 정보공개서 확인, 2. 14일간 충분히 정보공개서 읽어보고 판단, 3. 예상매출액은 서면으로 받기, 4. 가맹계약서 신중히 확인하기, 5. 가맹금 예치로 사기 예방하기, 6. 가맹금 반환 기준, 7. 10년 갱신요구권, 8. 해지 요건, 9. 분쟁조정 절차, 10. 가맹사업의 지원

· 가맹본부의 일반현황

① 바로 전 3개 연도의 재무상태표 및 손익계산서, 가맹사업 관련 매출액

경영 실적, 자본, 부채, 자산 현황 및 유동성 정도 등을 확인하여 재무 건전성을 판단하여야 하며, 가맹사업 관련 매출액의 증감 추세를 확인하여 가맹본부의 성장 여부에 대한 판단을 하고 재무 건전성 불량(자본과 부채의 비율), 매출액과 이익의 한계 내지는 축소(영업이익과 당기순이익) 시 가맹 여부를 신중히 판단하여야 한다.

② 가맹본부의 임원명단 및 사업 경력·임직원 수

임직원의 사업 경력을 통해 임직원의 사업 역량과 미래 사업 추진 방향을 예측해 볼 수 있으며, 임직원 수가 적정 인원은 되어야지 최소의 유지 인력만 있는 경우에는 제대로 된 교육이나 지원이 어려울 수 있어 피하는 것이 좋다.

임직원 수, 슈퍼바이저 수는 가맹본부의 지원이나 관리 현황을 판단할 수 있는 척도이며 도움을 받을 수 있는 가맹사업 전문가가 포함되어 있는지, 가맹점 수 대비 직원 수가 충분한지 여부를 확인해 보아야 한다. 직원 수가 부족한 가맹본부는 프랜차이즈 사업능력이 부족하다고 볼 수 있으며 프랜차이즈 시스템에 대한 이해도가 부족한 경우도 역량이 낮은 것으로 판단할 수 있다.

③ 사용을 허용하는 지식재산권

상표가 법적으로 보호받을 수 있는지 등록 상표인지, 해당 브랜드가 소비자에게 구별이 되고 있는지 상표 등록이 가능한 명칭인지 등에 대해 확인하여야 한다. 특허청 특허정보검색서비스(http://www.kipris.or.kr)를 통해 직접 확인이 필요하다. 특허청에 지식재산권이 등록되지 않은 경우

가맹본부에서 사용하는 상표는 법으로 보호받지 못할 수 있어 특별한 사정이 없으면 피하는 것이 좋다.

· 가맹본부의 가맹사업 현황

① 가맹사업을 시작한 날·연혁

가맹사업 기간이 짧은 경우 아직 안정성 면에서 위험성이 클 수 있다. 안정적 성공 여부가 불투명한 상황에서 가맹하는 것은 특별한 사정이 없으면 피하는 것이 좋다.

② 바로 전 3년간 가맹점 및 직영점 수

직영점 유무 및 가맹점 대비 비중은 가맹본부의 경영 전략에 따라 다를 수 있으나, 많은 직영점을 보유한 가맹본사의 경우 재무 면이나 사업 전략 면에서 건전한 상태라고 볼 수 있고, 가맹본사의 직영점을 가맹희망자의 교육장이나, 시제품 출시 실험 등 다양하게 체험해볼 수 있다는 점에서 가맹희망자에게는 좋은 판단기준을 제공할 수 있다.

가맹점 수가 적거나 가맹점 증가 속도가 지나치게 느린 경우 가맹본부의 경영 안정 저해 요소가 될 수 있다. 따라서 가맹본사의 규모 경제와 시너지 효과, 홍보 및 광고 효과 면에서 제한적일 수 있다는 점을 인지하여야 한다.

가맹점 폐업률은 일정 기간 계약 중인 전체 가맹점 중 폐업한 가맹점의 비율을 의미한다. 가맹점의 폐업은 다양한 원인이 있을 수 있지만 대부분은 영업 부진이다. 따라서 폐업률이 높은 가맹본사와의 계약은 유의하여야 한다.

해당 브랜드의 가맹점의 숫자와 매년 신규 오픈 가맹점 수와 폐점 수를 확인해야 한다. 그러한 수치들을 통해 가맹점이 증가하는 추세인지 줄어드는 추세인지의 확인으로 해당 브랜드 창업을 좀 더 신중하게 검토할 필요가 있다. 문을 닫는 가맹점이 많다는 것은 가맹본부와 가맹점 간의 갈등과 분쟁이 잦거나 또는 브랜드가 쇠퇴기로 접어들고 있다는 것을 의미하기 때문이다.

해당 가맹본부의 정보는 공정거래 위원회 가맹사업거래 홈페이지 (franchise.ftc.go.kr)에서 정보공개서 〉 가맹사업자 조회에서 브랜드명을 검색하여 확인할 수 있다.

최근 2~3년간 가맹점 수의 변동 현황을 살펴보면 브랜드의 성장을 알 수 있다. 여기서 중요한 것은 가맹점이 감소한 추세와 명의 변경 등이다. 명의변경이 많았다면 간판 갈이 즉, 매장 수익이 나오지 않아 주인이 자주 바뀌었다는 이야기가 된다. 또 가맹본사가 실제로 영업지역을 독점적·배타적으로 보장하는지, 단순히 영업지역 설정만 하는지도 확인해야 한다.

③ 가맹점의 평균 영업기간

영업중인 가맹점사업자의 평균 영업기간을 확인하여 주로 가맹 후 장기적으로 가맹점을 유지하는지 아니면 단기에 가맹 해지를 하는지를 확인하여 실질적인 가맹여부 판단에 중요한 도움을 얻을 수 있다

④ 전 사업연도 연간 평균 매출액

현재 가맹점의 평균 매출액 및 이익은 지역에 따라 규모에 따라 달라질 수 있으나, 가맹 희망지 인근 지역의 전 사업연도 가맹점의 연평균 매출액, 매장 면적당 매출액과 이익의 확인을 통해 장래 가맹 시 예상매출액과 이익을 추정하여 가맹 여부를 판단할 수 있는 중요한 자료이다.

⑤ 광고, 판촉 지출 내역

광고란 구체적 행사와 관계없이 회사 이미지 제고, 가맹점 모집, 신상품 출시 홍보 등을 위한 홍보 활동을 의미하며, 판촉이란 개별 행사와 관련하여 수행하는 홍보 활동으로 월간 행사 외에도 명절, Day 이벤트 등을 포함한다.

이러한 광고 홍보비는 가맹본사의 브랜드 관련 홍보 상황과 가맹점 지원 상황을 알 수 있고, 가맹본사의 홍보 및 광고전략을 알 수 있는 기준이 될 수 있으므로 가맹본사의 광고홍보비가 지나치게 적거나 광고비가 주로 브랜드 가치 제고보다는 가맹점 모집에 국한되어 있는 가맹본사는 피하는 것이 좋다.

가맹본부는 전혀 다른 세 가지의 마케팅 전략을 구사할 수 있는 능력이 있어야 한다. 가맹점 모집 광고, 브랜드 광고와 가맹점주 입장의 지역 마케팅 전략이 각각 마련돼 있어야 한다. 효과적인 가맹점 모집 광고가 이뤄지고 있는지, TV·라디오, 온라인 및 SNS 광고를 준비하고 있거나 예산 편성할 계획이 있는지 확인해 봐야 한다.

· 가맹본부와 그 임원의 법 위반 사실

가맹본부 및 임원의 사업 관련하여 형의 선고나 민사소송 및 민사상 화해(사기, 횡령 배임 등) 사실을 파악하여 리스크를 회피하여야 한다. 또한 행정기관(공정거래위원회 또는 시·도지사의 시정조치 등)의 제재 여부도 확인하여 가맹사업의 지속가능성 여부를 신중히 판단하여야 한다. 필요시 이에 대한 수긍할 수 있는 설명을 요구하고 설명이 없는 경우 계약 여부를 신중히 고려하여야 한다.

• 가맹점사업자의 부담

① 영업 개시 이전의 부담

최초 가맹금, 보증금, 기타 지급하여야 하는 비용, 가맹점 입지 선정 주체 및 선정 기준, 운영에 필요한 설비 등 내역 및 공급 방법 공급업체(설비 및 인테리어 및 기타 개점에 드는 비용) 등에 관련한 부담으로 가맹금, 보증금 등 업계의 관행이나 평균을 참조하여 과다 비용 여부를 판단하여야 하며, 가맹금이 없는 경우 본사의 수익원이 무엇인지 확인하고 그 수익원이 합리적이고 적정한지 확인하고 가맹 여부를 판단하여야 한다.

매장 오픈 때와 업체에 따라 주기적으로 매장 인테리어가 필수이며 과다 비용으로 본사가 너무 많이 남기는 등 비용 부풀리는 프랜차이즈는 문제이며 업종에 따라 합리적 평균 수준을 파악하여 비교할 필요가 있다. 중요한 요인 중 하나는 창업 비용이 지나치게 싼 경우 싸구려 자재만으로 인테리어를 하고 관리도 전혀 해주지 않는다면 돈 아끼려다 사업이 망할 수 있으리라는 것을 간과하여서는 안 된다.

가맹금의 경우 반환 사유와 가맹금 외 추가 부담 비용이 있는지, 부담금의 상세 내역과 반환되지 않는 항목들을 사전에 신중하게 판단하여 쉽게 계약을 체결한 후 손해를 보는 일이 없어야 한다.

설비, 정착물 및 인테리어 비용의 경우 가맹사업의 통일성을 위하여 가맹본부가 요구 또는 권장하는 범위가 어디까지인지, 가맹본부 또는 가맹본부가 지정한 업체가 아닌 가맹희망자가 직접 정착물이나 인테리어를 설치할 수 있는지, 가맹희망자가 직접 설치하는 경우 가맹본부에 추가로 지불해야 하는 비용이 있는지 등을 반드시 확인하여야 한다.

가맹점 입지 선정의 경우에 본사에서 선정 추천하여 가맹희망자의 동의를 요구하는지, 가맹희망자가 직접 선정하는지, 가맹본사 선정 입지와 가맹희망자의 선정입지가 서로 다른 경우의 해결방안 등을 확인하고 가맹 여부를 판단하여야 한다.

② 영업 중의 부담

상표사용료·광고 판촉 분담금·점포환경개선 비용·기타 비용, 구입 요구 품목 구입을 통한 가맹금 지급, 가맹점사업자에 대한 감독 등이 영업 중의 부담이다.

상표사용료·광고 판촉 분담금·점포환경개선 비용·기타 비용 등 업계의 관행이나 평균을 참조하여 과다 비용 여부를 판단하여야 하며 상표사용료가 없는 경우 본사의 수익원이 무엇인지 파악하여 상표사용료 외에 과다한 물류마진이 없는지도 확인하여 가맹 여부를 판단하여야 한다.

가맹점사업자가 필수품목(강제, 권장)의 거래를 통해 가맹본부에 지급하는 대가 중 적정한 도매가격을 넘는 대가를 차액가맹금이라고 한다. 외식업 프랜차이즈의 경우 별도의 상표사용료 없이 차액가맹금을 주 수익원으로 하는 경우가 많다.

따라서 강제 필수품목으로 인한 가맹점당 연간 평균 차액가맹금 지급 금액, 가맹점당 평균 매출액 대비 연간 평균 차액가맹금 지급금액 비율을 확인하여 과다하지 않은지 확인하여 판단하여야 하며 가맹본부를 통하지 않고 직접 물품을 구입하는 경우의 불이익도 확인하여 수용 가능 여부를 판단하여야 한다.

가맹점은 통상 가맹본부로부터 공급받은 상품이나 부품, 원료 등을 재판매하거나 가공, 조립하여 판매하기 때문에, 가맹점사업자에게 상품을 공급하는 자 즉, 상품의 공급원이 사실상 제한될 가능성이 매우 커서 결과적으로 자유로운 시장기능을 저해하여 공정거래질서를 위반할 소지가 있기 때문에 이를 일정 사유를 제외하고는 가맹사업법상 불공정 행위 중 구속 조건부 거래(거래 상대방의 구속)로 지정하여 금지하고 있다.

③ 계약 종료 후의 부담

계약 연장이나 재계약 과정 추가 부담, 가맹점 운영권 양도 과정의 부담, 계약 종료 후 조치사항에 관한 내용들이다.

계약 기간 만료 재계약 시 별도의 추가 교육비나 점포 이전 비용 등의 내역이 있는지와 그 금액, 통상적으로 가맹점 운영권 양도를 허용하는지 양도인 및 양수인에 대한 금전적인 부담 내역은 무엇인지, 계약 종료 후 상호 간판 등 영업표지의 사용중단과 철거 내지 제거, 가맹본부 제공 설비 및 전산 시스템 등 영업자산의 반환 등과 관련한 손해배상책임 금액 등에 대한 확인이 필요하다.

· **영업활동에 대한 조건 및 제한**

① 물품구입 및 임차

가맹사업을 시작하거나 경영하기 위하여 필요한 부동산, 용역, 설비, 상품, 원재료 또는 부재료 등의 구입 및 임차와 관련하여 가맹본사 또는 가맹본사가 지정하는 자와 거래하여야 하는 품목을 확인하여야 한다.

강제로 기재된 물품을 지정된 사업자가 아닌 자로부터 공급받으려는 경우에는 사전에 가맹본부에 서면으로 통지하여 승인을 받아야 하나, 통상적으로 강제구입물품을 통해 가맹본사의 차액가맹금을 수취하는 경우가 대부분이므로 실제로 승인받기 어렵다는 전제하에 가맹 여부를 판단하여야 한다.

② 거래 강제 또는 권장의 대가 내역

가맹본사가 가맹점사업자에게 상품이나 용역을 특정 거래 상대방에게 거래하도록 강제 또는 권장하는 대가로 특정 거래 상대방 또는 가맹본사의 특수관계인으로부터 수취하는 경제적 이익을 파악하여 이러한 경제적 이익으로 인하여 가맹점사업자에게 과다한 공급가격이 설정되는 것이 아닌지 등에 대한 검토 확인이 필요하다.

③ 상품 용역, 거래 상대방, 가격 결정

통상적으로 가맹본부의 상표권을 보호하고 용역의 동일성을 유지하기 위하여 가맹점사업자는 지정된 상품 및 용역만을 판매하여야 하며, 지정 이외의 상품 및 용역을 판매하려는 경우에는 별도로 가맹본부의 사전승인이 필요하고 이를 위반하여 가맹점사업자가 독자적인 상품이나 서비스를 제공하는 경우에는 불이익을 받게 된다. 따라서 가맹점사업자 자신의 독특한 상품이나 용역을 제공하고자 한다면 이에 대한 승인 범위 및 여부에 대하여 확인한 후 가맹하여야 한다.

가맹본부는 판매 상품이나 용역의 가격을 정하여 가맹점사업자로 하여금 이를 따르도록 권장할 수 있다. 따라서 권장된 가격과 다른 가격을 적용하기 위해서는 사전 가맹본부와의 협의가 필요한바, 이에 대한 사전 확인이 필요하다.

④ 영업지역의 보호

설정된 영업지역의 설정 기준, 영업지역을 벗어나 다른 가맹점사업자의 영업지역에 속한 고객에게 영업활동을 할 수 있는지, 영업지역 관련 분쟁이 발생하는 경우 가맹본사의 중재나 조정 방식이 무엇인지 확인하여 독점적 배타적 영업지역을 보장받을 수 있는지를 확인할 필요가 있다.

또한, 영업지역 내 가맹본사의 직영점이나 가맹점 이외 대리점 등 다른 유통 채널을 통한 공급이 이루어지는지, 취급 상품이나 용역 등이 가맹본사의 온라인 유통채널(홈쇼핑, 전화 권유 판매 등 포함)을 통해 공급되는지 여부까지 확인하여야 실질적인 영업지역의 보호 정도를 판단할 수 있으므로 사전 확인 후 가맹 여부를 판단하여야 한다.

⑤ 온라인·오프라인 판매에 관한 사항

매출액 중 온라인과 오프라인 매출액 비중, 가맹점 매출과 본사 직접 매출 비중을 고려하여 자신의 사업 방향과 비중이 일치하는 지 확인하여 판단한다.

⑥ 계약 기간, 갱신, 연장, 종료, 해지, 수정

가맹계약 기간은 가맹 상황에 따라 단기가 유리할 수도 장기가 유리할 수도 있다. 매장의 임대차 기간이나 조건 등을 감안하여 가맹계약 기간을 정하는 것이 임대차 기간과 가맹계약 기간 불일치로 인한 위험을 줄일 수 있고, 지나치게 장기계약인 경우 상황 변화로 인한 가맹계약 해지 시 위약금 등의 부담을 떠안을 위험이 있다는 점도 감안하여야 한다.

가맹사업 운영 기간(장·단기간)을 신중히 결정해야 한다. 보통 가맹사업 가맹계약은 계속적 계약의 일종으로 계약 기간이 가맹계약서에 정해져 있는 것이 일반적이며, 가맹계약의 기간을 얼마로 정해야 하는가에 대하여는 가맹사업법에노 이를 구체적으로 규율하지 않기 때문에 원칙적으로 당사자가 합의한 기간이 그대로 효력을 가지게 된다.

따라서, 가맹본사의 갱신, 연장, 종료, 해지 및 수정 정책을 정보공개서를 통해 충분히 확인한 후 가맹 여부를 판단하여야 한다.

⑦ 가맹점 운영권의 환매, 양도, 상속 및 대리 행사

가맹사업을 중단하는 경우 가맹본사에서 환매하는 조건은 무엇인지, 양도 시 양도 가능 조건 및 부담은 무엇인지 확인하여 가맹사업 중도에 발생하는 사정에 대비하여야 한다.

또한, 가맹사업을 하면서 개인적인 사정으로 본인이 직접 운영하지 않고 타인에게 대리 행사하게 하고자 한다면, 가능 여부 및 대리 행사의 조건이 무엇인지 파악한 후 가맹 여부를 판단하여야 한다.

⑧ 경업금지, 영업장 관리·감독 등

여러 사업을 동시에 하고 있거나 하고자 하는 경우에는 해당 가맹본사의 경업금지 업종과 경업허가 절차를 확인한 후에 가맹계약을 하여야 한다. 통상적으로 동일 업종에 대해서는 경업을 금지하지만 유사 업종에까지 경업을 금지하는 경우에는 약관규제법상 무효가 될 수 있다.

일반적으로 경업금지 의무란 경쟁 영업을 하지 않을 의무를 말한다. 대부분의 가맹계약은 가맹계약 기간 중은 물론 가맹계약 기간 종료 후에도 일정한 기간 가맹계약과 동종의 영업을 하여서는 아니 된다는 경업금지 의무를 정하고 있다.

가맹점이 가맹본부의 노하우를 전수받아서 영업을 하는 가맹사업에 있어서 가맹본부의 노하우와 영업비밀을 보호할 필요성이 크므로 경업금지 의무를 인정할 여지가 크지만, 가맹점사업자의 영업 자유를 제한하는 것이므로 어느 범위까지 인정할 것인지가 중요한 문제이다.

가맹점 운영 시 가맹점사업자가 직접 근무해야 하는지 확인하여 가맹 여부를 판단하여야 한다. 직접 근무하지 않는 경우에는 가맹본사의 직접 근무 의무를 위반할 수 있기 때문이다.

⑨ 광고 및 판촉 활동

상품광고 가맹점 모집, 광고 행사, 할인 및 증정 행사, 판촉 행사, 제휴 행사 및 서비스 진행 시 가맹점의 분담 비율을 확인하여 가맹점에 지나친 부담을 주지 않는지 확인하여야 한다.

광고 및 판촉 활동 비용도 상표사용료나 차액가맹금 외 가맹점사업자의 부담으로 작용하기 때문에 지나친 광고 판촉 비용 부담 여부 및 수익에 미치는 영향을 확인 후 가맹 여부를 판단하여야 한다.

· 가맹본부의 경영 및 영업활동 등에 대한 지원

① 점포환경개선 시 비용 지원 내역

가맹사업법상 일정 점포환경개선 사유가 발생 시 가맹본부의 부담 비용 항목과 부담 비용 비율이 있으므로 그 범위 내에서 실제 가맹본부의 부담 비율이 어느 정도인지, 반드시 개선해야 하는 주기가 어느 정도 되는지 파악하여 과다한 점포환경개선으로 인한 비용 부담이 큰 경우에는 가맹 여부를 신중히 판단하여야 한다.

② 경영활동 자문/안정적인 점포 운영을 위한 경영상 지원 내역

가맹점을 운영한다는 것은 가맹본사의 사업 경영 노하우를 전수받는 것이므로 본사에서 가맹점사업자를 위하여 어떠한 경영활동 지원을 하는지 그 절차 및 비용에 대해 확인하여 본사의 경영 지원 역할 정도를 판단한다.

또한, 안정적인 점포 운영을 돕기 위해 조기 안정화 자금 지원, 매출부진 경영 지원 등 경영지원활동을 확인한 후 판단한다.

· **교육 훈련에 대한 설명**

교육 훈련은 가맹점의 유지 및 발전에 대단히 중요한 역할을 한다. 가맹점사업자 입장에서는 귀찮거나 시간 낭비라고 생각하는 경우가 있지만, 교육 훈련이야말로 가맹점의 중간체크나 가맹 당시 다짐 등을 확인하고 새로운 노하우를 습득하는 대단히 중요한 일이다.

가맹본부에 마련된 교육 프로그램 및 일정 등을 확인하고 가맹본부가 모집에만 관심이 있는지 기존 가맹점사업자의 발전을 위한 교육에 주력하고 있는지를 확인하여 가맹 여부를 신중히 판단하여야 한다. 교육을 강화하고 프로그램이 다양한 가맹본부일수록 가맹점사업자의 품질 관리 및 브랜드 관리에 신경을 쓰는 본사로 올바른 본사라고 할 수 있다.

· **가맹본부의 직영점 운영 현황**

직영점의 숫자, 직영점 평균 운영기간, 직영점 연간 평균 매출액을 확인하면 가맹점의 성공 가능성 여부를 판단하는데 도움을 줄 수 있다.

현장 확인

· **인근 가맹점 현황 문서 기재 가맹점 등 현장 방문 확인**

해당 가맹점사업자(본사로부터 제공받은 정보 중 인근 가맹점 현황 문서를 참조)를 복수로 직접 만나 다양한 의견을 확인하여 본사에서 제공한 정보를 검증하고 확인해보아야 가맹점 운영의 실질을 보다 정확하게 파악할 수 있다.

운영매장을 꼭 방문하여 상권이 어디에 위치에 있는지, 운영은 어떻게 되고 있는지 직접 꼼꼼하게 확인하는 과정이 필요하다.

· 가맹점주의 현장 소리 청취

해당 브랜드 가맹점주의 직접적인 현장의 소리를 들어야 한다. 경험자들의 소리만큼 현실적인 이야기는 없다. 그들을 통해 점포를 운영하면서 애로사항 및 본사 지원 사항 및 관리 시스템 등을 알아보고 결정을 내리더라도 늦지 않는다.

신상품 개발, 슈퍼바이저 활동, 본사의 교육 등과 같은 지원 사항이 실제 이루어지는지 가맹점 수익 향상에 도움이 되는지 확인도 필요하다.

· 매출액 확인, 실제 수익성 확인

본사가 알려준 예상매출액을 실제로 가맹점별로 확인할 필요가 있다. 또한 실질적으로 비용을 제외한 수익이 어느 정도 되는지에 대한 확인도 필요하다.

수익성이 좋아도 매출이 부족하면 곤란하며 매출이 좋은 경우 수익도 높을 것이라는 생각도 버려야 한다. 매출액 대비 수익성에 직접적인 영향을 미치는 부분은 바로 원가율이다. 가맹점사업자가 비용 조절은 가능하나 원가 조절은 어렵다. 외식업의 경우 재료비는 업종 평균 35% 정도로 보고 이보다 낮은 브랜드가 동일한 조건에서는 선택의 기준이 되어야 하며 이 경우 매출 대비 수익률은 업종 평균인 20% 이상이 적정하다고 볼 수 있다.

일반적으로 투자 대비 예상 월 영업이익은 총 투자금액의 2~3%, 투자 비용 회수 기간이 3년 이내가 적정하며 이보다 짧을수록 유리하다고 본다[*].

· 재계약 의향 여부, 프랜차이즈 추천 여부

가맹계약 종료 시 재계약 의사가 있는지, 지인들에게 계약 추천 의사가 있는지를 확인한다. 재계약을 하지 않을 경우 그 이유와 지인에게 추천하지 않는 경우 그 이유를 확인하여 브랜드 선택 여부에 반영한다.

· 주변 일반인 의사 확인

좋은 시스템과 조건들을 갖추었더라도 소비자의 선택을 받지 못한다면 브랜드는 오래가지 못한다. 해당 브랜드를 이용한 경험이 있는 주변 사람들로부터 솔직한 평가를 들어보고 가맹점들을 직접 여러 군데 방문하여 품질과 서비스를 확인해보는 것이 필요하다.

---

* 『프랜차이즈 계약과 창업』, (법문사, 2018), 이성희, 이성훈, P. 357

3
마음가짐 등

창업할 때 마음가짐

· **창업하는 목적이 분명하고 뚜렷해야 한다**

확실한 목표가 없으면 도전정신이 없고 용기와 자신감 부족으로 결국 중도에 실패할 가능성이 높다.

· **직접 눈으로 확인하고 발로 뛰면서 확인하여야 한다**

남의 말이나 프랜차이즈 본사 말만 믿고 창업 준비를 하였다가 크게 낭패를 겪는 수가 있다. 가장 좋은 방법은 본인이 직접 발로 뛰면서 모든 사항들을 점검하고, 눈으로 확인한 다음에 실행에 옮기는 것이다.

· **사업에서 아주 중요한 것은 긴 안목이다**

짧은 기간 내에 많은 돈을 벌겠다고 생각하며 창업하면 실패하기 쉽다. 정년퇴직 없는 내 직장을 내가 마련하는 것이라고 편안하게 생각하고 한 계단 한 계단 긴 안목으로 준비하는 것이 중요하다.

· 확실한 매출 전략 계획이 있어야 한다

막연한 매출계획보다는 구체적이고 확실한 매출 전략을 가지고 있어야 한다. 의외로 초기에 뚜렷한 매출 전략 없이 막연하게 창업을 하는 경우가 많다. 구체적이고 확실한 매출 전략 없이 창업하면 실패하기 쉽다. 창업해서 성공이냐 또는 실패냐의 기준은 주로 매출액을 기준으로 판단한다.

· 기본적인 회계지식은 알고 있어야 한다

회계를 모르면 정확한 원가 분석을 할 수도 없으며 또한 얼마만큼의 이익이 났는지, 손실이 났는지도 모른다. 판매가격이 적정한지, 세금은 올바르게 납부하는지 등을 알 수가 없고 현금 흐름에도 문제가 발생되어 최악에는 사업을 접는 경우가 발생한다.

· 사업을 접을 때와 사업을 그만둔 후 대비책을 창업 시작하기 전에 미리 생각해 두어야 한다

특정 상황(부모형제 또는 지인들에게 돈을 빌려달라고 부탁하는 경우, 은행 등에서 대출한도 부족 및 신용등급 하락 등으로 대출이 안 되어 기타 대부업 등에 대출을 신청하는 경우, 연속 3개월 이상 적자가 나는 경우 등)에 처하게 된다면 사업을 그만둔다는 식의 사전 생각이 없으면 대책 없이 부담만 늘어 결국 재기할 수 없는 상황에까지 갈 수 있다.

브랜드 선택을 위한 노력

· 아주 많은 프랜차이즈 사업설명회를 가보자

일부 브랜드의 사업설명회만 가지 말고 여러 군데의 사업설명회를 가서 면담하고 분석할 필요가 있다. 더 많이 가보고 들은 지식이 더 방대한 법이다.

· **창업박람회에 가보자**

창업박람회에 꼭 참석해서 하루 동안 참석한 프랜차이즈들에 대한 음식도 먹어보고, 설명도 들어보고, 인테리어도 보고 많은 것들을 보면 어떠한 것을 선택해야 할지 좀 더 쉽게 접근할 수 있다.최근에는 인터넷을 통하여 국내외의 각종 창업에 필요한 자료들을 수집하거나 창업 관련 기관, 창업박람회 등을 통하여 정보를 수집하기도 하며, 경우에 따라서는 국가나 지방자치단체 등에서 운영하는 창업관련기관을 직접 방문하여 창업컨설턴트와 상담을 통하여 창업을 준비할 수도 있다.

· **스스로 판단할 수 있어야 한다**

프랜차이즈들은 통상 자신에 유리한 말 중심으로 설명, 설득하니 본인 스스로 냉철한 판단을 하여야 한다.

· **외식 프랜차이즈의 경우 직접 맛을 보아야 한다**

박람회나 사업설명회보다 실제 운영되고 있는 가맹점에 가서 어떤 서비스가 이루어지는지, 어떤 인테리어로 되어 있는지를 확인하고 직접 어떤 맛인지를 보아야 한다.

· **외식 프랜차이즈의 경우 피크타임 시간대 확인을 하여야 한다**

가장 바쁠 때 사람들이 가장 많은 골든 타임 시간에 과연 음식 맛은 그대로 유지가 되는지, 서비스는 어떻게 변화되는지 등등 찾아가서 눈으로 보고 맛보면서 실제로 느껴야 한다. 평상시에는 최상의 품질과 최상의 서비스로 손님을 응대하다 피크타임 시간대 음식의 맛이 떨어지는 등 대응력이 떨어진다면 머지않아 사업 진퇴의 어려움에 처하게 될 것이다.

· 외식 프랜차이즈의 경우 맛에 대한 평가가 가능하여야 한다

맛을 구분하고 음식에 대한 객관적이고 정확한 어느 정도의 평가를 할 수 있는 사람이 외식 프랜차이즈를 해야 한다. 해당 음식의 재료(고기류 등) 특유의 냄새를 잘 모르는 사람이 해당 재료를 사용하는 프랜차이즈를 한다고 하면 맛에 대한 평가를 잘할 수 없을 것이다.

· 브랜드 인지도나 문화를 확인하여야 한다

기업의 명성이나 역량, 기업 브랜드 개성, 상품 품질이나 서비스 수준이 어느 정도로 소비자들에게 인식되고 있는지, 본사와 가맹점 간 동업자적 유기적인 관계유지가 이루어지고 있는지 등에 대해서도 꼼꼼하게 확인하여야 한다.

기타 점검 사항

· 가맹본부 후보 선정을 위한 최종 점검 사항*

* 『창업희망자를 위한 가맹사업(프랜차이즈) 계약 체결 안내서』, (공정거래위원회, 2011), P. 2~3

① 상품 및 서비스의 수요 가맹본부가 제공하는 상품 및 서비스가 시장에서 많은 수요를 창출하며 그것이 지속 가능한지 확인한다.

② 경쟁 우위성 어떤 가맹본부가 시장에서 경쟁우위를 차지하고 있는가를 확인한다.

③ 사업 운영 능력 가맹본부 경영자의 경영능력은 있는가, 최근 3년간 재무제표상 경영 상태는 양호한가 확인한다.

④ 가맹본부 인지도 및 평판 경영이념, 상호 및 브랜드 인지도, 등록상표 보유 여부, 상품이나 서비스 질에 관하여 가맹본부에 대한 평판, 가맹점주들의 가맹본부에 대한 평판 등을 확인한다.

⑤ 교육 훈련 및 지원 서비스 교육 훈련 내용이 실질적으로 도움이 되고 있으며, 지속적으로 지원을 해주는지 확인한다.

⑥ 가맹본부의 경험 가맹사업을 얼마나 오래 영위해왔으며 충분한 경험(직영점 운영 등)이 있는가 확인한다.

⑦ 성장성·내실경영 매출액, 가맹점 수 등 외형이 성장하고 있는지, 영업이익 증가 등 내실경영을 하고 있는지, 무리한 가맹점 확장에만 신경 쓰지는 않는지 확인한다.

· **전문가 자문**

프랜차이즈 창업과 관련한 정보는 우리가 흔히 창업박람회, 창업 관련 강좌, 트렌드 관련 기사, 정보공개서 등 다양한 경로를 통해 정보를 수집하여 시장의 흐름을 알 수 있다. 필요한 경우 가맹거래사 등 창업 및 프랜차이즈 전문가에게 자문하는 것도 중요하다. 도무지 잘 모르겠다고 한다면 관련업 전문 프랜차이즈 컨설턴트(가맹거래사 등)를 통해 브랜드를 검증하는 것도 방법이다.

많은 예비 창업자들은 가맹본부의 선택에 있어 많은 어려움을 겪는다. 가맹사업법에 따른 정보공개서에 의해 가맹본부의 정보를 공개하도록 하여 실제로 창업하는 예비창업자들의 브랜드 선택을 위한 다양한 기준을 제공하고 있지만 향후 사업의 안정성에 대한 판단기준이 되고 있지 못하여 창업 후의 많은 가맹점들에게 부진한 사업 성과를 가져오게 하는 요인이 되기도 한다.

상담을 통해 어떤 프랜차이즈 브랜드가 자신과 잘 맞는지에 대한 분석과 관심 브랜드의 상세정보까지 전문 가맹거래사 컨설턴트의 조언을 통해 판단하는 것이 잘못된 선택으로 인한 결과보다는 안전할 것이다.

참고자료

- **단행본**

1. 『창업희망자를 위한 가맹사업(프랜차이즈) 계약체결 안내서』, (공정거래위원회, 2011)
2. 『프랜차이즈 경영론』, 김의근, 선동규, 현경호, 우문호, 추승우, 배금련, 박선주, 이철우 공저, (법문사, 2017, 제2판)
3. 『프랜차이즈 계약과 창업』, 이성희, 이성훈 저, (법문사, 2018)

- **학술논문**

1. 중요도-성취도 분석에 의한 외식 프랜차이즈 기업의 브랜드 선택요인 평가, 주상집, 우송대학교경영대학원 석사학위 논문, 2006.
2. 커피전문점의 선택속성별 중요도와 만족도 연구, 세종대학교 산업대학원 석사학위 논문, 이한진, 2013.
3. 프랜차이즈 가맹희망자의 가맹본부 선정요인에 관한 연구, 숭실대학교 중소기업대학원 프랜차이즈경영학과 석사학위 논문, 나현준, 2012.
4. 프랜차이즈 기업 브랜드 선택속성과 브랜드 선택 의도의 관계에서 신뢰의 매개효과와 브랜드 자아 일치성의 조절 효과, 호남대학교 대학원 호텔관광학과 박사학위 논문, 조성순, 2015.
5. 프랜차이즈 형태의 커피전문점 고객의 점포선택 특성 연구, 단국대학교 도시계획 및 부동산학과 석사학위 논문, 정찬우, 2007.

- **인터넷 기사 등**

1. 프랜차이즈 창업, 알고 합시다, 창업희망자를 위한 가맹사업 계약체결 안내, 가맹사업거래 홈페이지 알림마당 〉공지사항, 2007.3.28.
2. 창업아이템?! 업종 라이프사이클을 분석해보자, 매경비즈, 2018.5.16. https://blog.naver.com/mkbiz2000/221276956564
3. 매일경제, 영 브랜드파이낸스 조사, 삼성전자 브랜드 '세계 5위', 2020.1.28. https://www.mk.co.kr/news/business/view/2020/01/88516/

4. 안정된 프랜차이즈 창업을 위한 '십계명', 매경비즈, 2018.5.17. https://blog.naver.com/mkbiz2000/221277760739

5. 창업할 때 가져야 할 마음가짐- 8계명, 매경비즈, 2018.4.25. https://blog.naver.com/mkbiz2000/221261313157

6. 기조연설로 보는 프랜차이즈 선택방법, 홍 마담의 창업 IT, 2013.3.28. https://gapps.tistory.com/158

7. 조준호의 프랜차이즈 확대경, 프랜차이즈 창업 시 브랜드 선택기준, 정보수집, 현장 점검, 전문가 조언 등 필수. 2018.4.29. http://www.skyedaily.com/news/news_view.html?ID=73192

8. 정보공개서 표준서식, 공정거래위원회

9. 프랜차이즈(외식업) 표준계약서, 공정거래위원회

10. 가맹본부가 알아야 할 7가지 필수사항, 공정거래위원회

11. 가맹본부를 평가하는 10가지 기준, 창업경영신문, 박선희 기자, 2010.06.01. 06.03. http://sbiznews.com/news/?action=view&menuid=29&no=23450

12. 성공 창업 위해 가맹본부 선택 중요, 창업경영신문, 윤희정 기자, 2010.05.31. http://sbiznews.com/news/?action=view&menuid=29&no=23425

13. 프랜차이즈 창업 피해 예방을 위한 가이드라인, 공정거래위원회 가맹사업 거래 공지사항, 2007.03.28. https://franchise.ftc.go.kr/user/bbs/main/61/73/bbsDataView/630.do?page=33&column=&search=&searchSDate=&searchEDate=&bbsDataCategory=

저자

- **정초영**

  경찰대학 졸업(법학 학사)

  아주대학교 ITS대학원 졸업(공학 석사)

  전) 경찰청, 경기경찰청, 충남경찰청

  　　경찰대학 교수부 경찰학과 교수·치안정책연구소 연구관

  현) KGB물류그룹 전무이사

  　　가맹거래사(공정거래위원회 등록번호 제683호)

PART Ⅲ
창업 체크리스트

무식하면 용감하다고 소싯적 자신의 작태를 돌이켜 보면 아찔하기도, 손발이 오그라들기도 하는 순간들이 누구에게나 있을 것이다. 사람이기에 실수를 한다. 하지만 실제 비즈니스가 시작이 된 이후에는 실수의 무게가 다르다. 단지 실수일 뿐이라고 치부하기에는 연결되어있는 문제들이 결코 가볍지 않다. 직원들, 고객들, 거래처 그리고 나와 직원들의 가족 등 많은 사람들에게 피해가 전가될 수 있기 때문에 사업이 시작되면 경영자는 최대한 실수를 하지 않도록 노력할 책임이 있다. "하고자 하는 업종에서 적어도 반년은 알바라도 뛰어보라."는 말들을 심심찮게 들어 봤을 것이다. 이는 도입기-성장기-성숙기-쇠퇴기의 주기가 무한대로 반복되는 비즈니스 사이클의 대장정이 시작되기 전 최대한 많은 실수와 시행착오, 찬란하게 무식하고 용감한 경험들을 많이 쌓아 놓을수록 실전에서 피해를 줄일 수 있다는 의미이기도 하다. 프랜차이즈를 시작해볼까 생각 중인 예비 창업자들이라면 더더욱 준비하는 동안 용감하게 깨져 보기를 바란다. 그것을 통하여 분명 너욱 난난한 경영자가 될 것이기 때문이다. 사업 초창기의 실패는 '주사'라는 순간의 아픔으로 한겨울 내내 지독한 '감기'로부터 나를 지켜 줄 수 있는 '면역체계를 만들어 주는 독감 주사' 같은 것이다.

　　돌다리도 두드려보고 건너라 하였다. 사업 시작단계에서의 철저한 사업 타당성 검토 과정은 건너뛰어도 좋은, 혹은 해도 그만 안 해도 그만인 옵션이 아니며 무엇보다도 중요한, 어찌 보면 전체적인 비즈니스 사이클에서 가장 중요한 과정일 것이라 감히 이야기하고 싶다. 사업 타당성 검토란 쉽게 말해서 고스톱에서 'GO'를 할 것인지 'STOP'을 할 것인지를 결정하는 단계라 볼 수 있다. 말도 안 되는 패를 들고 'GO'를 하다가는 쓰리고에 피박을 면할 수 없을 확률이 높아진다. 다시 말해 시작하기도 전에 승패가 결정되어 있을 수 있다는 이야기이다. 대박을 꿈꾸며 창업하기 전에 최소한 망하지 않는 구조를 설계하고 판단하고 계획을 세우는 것이 최우선 과제임을 반드시 기억해야 한다. '하면 되는 세상'에서 '되면 하는 세상'으로 바뀐 지 오래다. 이제 사업의 타당성을 검토하는 과정은 선택사항이 아니라 필수사항이다.

몇 년 전부터 셰프들이 본격적으로 대중매체나 유튜브 등의 미디어에 노출이 되었다. 특히 요즘은『백종원의 골목식당』같은 요식업소를 위한 컨설팅 프로그램까지 등장한 것으로 미루어 요식업에 대한 대중적인 관심과 참여도가 많이 높아짐을 체감하게 된다. 참여도나 관심도가 높아지는 것까지 어찌하랴마는 '무식하고 용감하게' 이 업에 뛰어들어 회복하기 힘든 내상을 입고 좌절하는 많은 사람들을 보며, 미미하게나마 도움이 되길 바라며 적어도 이것만큼은 알고서 뛰어들지 말아야 할지를 결정하고, 이미 뛰어들었다면 적어도 이런 것만큼은 알고 운영하여야 한다고 생각하는 것들을 보다 즐겁고, 가볍고, 최대한 쉽게 풀어 보려고 한다. 이 사업을 시작할지 말아야 할지를 결정하는 단계는 점집에 가서 보살님께 물어보아야 하는 것이 아니라 철저한 분석을 통하여 반드시 사전에 검토해야 할 사업의 가장 중요한 첫 계단이다.

1
도대체 얼마를 벌어야 본전을 뽑을까?

'장사'란 이익을 얻으려 물건을 만들거나 사서 파는 것을 일컫는 말이다. 우리는 이러한 장사를 통하여 손해나 이익을 보게 될 것이고 이러한 것을 손익이라 부른다. 더 쉽게 이야기하자면 내 주머니에 들어온 돈(매출)에서 나가는 돈(비용)을 제외한 금액(손익)이 남아있으면 이익, 남아있지 않으면 손해라 할 것이다.

사업 타당성 검토라는 것은 쉽게 말하여 이 사업으로 이익이 창출될 수 있는지 여부를 검토하는 것을 의미한다. 과연 이 장사가 돈이 될 것인가 아닌가를 따져보는 것이다. 그렇다면 계획하고 있는 사업을 통하여 벌 수 있을 법한 예상매출액과 사업을 영위하는 데 반드시(고정비) 혹은 경우에 따라(변동비) 들어갈 수 있는 비용들을 계산해 낼 줄 알아야만 이익이 남았는지 손해를 보았는지 알 수 있을 것이다.

소위 업력이 십수 넌 뇌는 업자늘 사이에 전해져 내려오는 마법의 공식이 있다. "얼마를 벌어야 본전을 뽑을까?" 즉 "손익분기점에서의 매출액은 얼마일까?"를 간단하게 계산하는 방법이 바로 그것이다. 준비물은 딱 하나, '월세'. 본인이 운영하고 싶은 가게의 월세 또는 현재 운영 중인 가게의 월세를 알고 있다면 이 엄청난 난제를 해결할 모든 준비가 마무리된 것이다. 공식을 우선 공개하자면 다음과 같다.

"3일(영업일) 안에 내 월세를 뽑아야 한다!"

예를 들어보면 이렇다. 월세가 300만 원짜리 가게에서 장사를 하고 싶을 때, 영업 개시일 3일 안에 그 월세를 뽑아낼 수 있는 액수는 일 매출 100만 원이 될 것이고 그것이 바로 당신이 무조건 벌어야 할 '본전(원금)'이다. 손익분기점 또는 BEP(Break-Even Point)라고도 한다. 손익분기점이란 매출과 비용이 같아지는 지점에서의 매출액을 말하며 판매량에 따라 손익의 크기가 변화하는 정도가 달라진다. 손익분기점을 중심으로 판매량이 늘어나면 이익의 증가 폭은 점점 더 커지고 판매량이 감소하면 할수록 손해의 증가 폭 역시 점차 더 커진다.

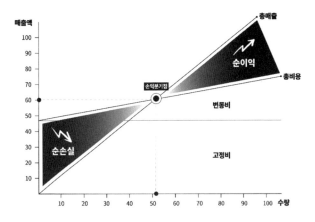

요식업 기준이지만 카페와 일식집 또는 고기집은 그 계산에 차이가 있다. 테이블 크기와 종업원의 수 그리고 주방의 크기가 다르기 때문인데 중요한 것은 대충의 손익분기점 값을 일단 구해 놓고 월세가 터무니없는

지, 아닌지를 확인한다는 측면에서 어떠한 업종을 계획하든 일단 월세를 3으로 나누어 계산을 하고 내 객단가에 비추어 최소 몇 테이블이 하루에 들어와야 하는지를 계산해 봐야 한다.

그럼 이제 공식을 좀 더 자세히 살펴보고자 한다. 위의 경우 손익분기점이 백만 원이라는 것은 30일 영업을 한다고 가정하면 한 달 매출액이 3천만 원이라는 이야기가 된다. 그중 월세가 3백만 원이라는 것은 매출액의 10%라는 이야기이다. 다시 정리하자면 3일 동안 임차료(월세)를 벌려면 월 매출액에 대한 임차료의 비율이 10% 내외여야 한다. 이쯤 되면 눈치가 빠른 독자들은 다음의 두 공식이 같은 의미임을 알 수 있을 것이다.

3일(영업일) 안에 내 월세를 뽑아야 한다.
=
임차료의 비율은 매출액의 10% 이내여야 한다.

그렇다면 지출(비용)의 구성을 살펴보자. 크게 나누면 인건비, 식재료비, 임차료, 세금, 카드 수수료 등으로 나눌 수 있다. 물론 관리비, 소득세, 보험료, 감가상각비, 마케팅비 등등 다른 비용도 있으나 이번 장을 통하여 우리가 배우고자 하는 핵심이 이 사업을 시작하면 이익을 발생시킬 수 있는가 없는가를 판단하고자 함에 있으므로 구체적인 비용 항목을 나누어 각각 예상 비용을 계산하는 것보다는 전체 비용을 계산하여 손익 여부를 따져도 충분할 것이다. 기본개념을 이해하면 추후에 충분히 자신의 상황과 변수에 맞게 디테일한 분석도 가능할 것이기 때문이다.

· 인건비

지역과 상권, 가게 크기에 따라 다르겠지만 월세 300 정도의 가게라면 5~6명 정도의 직원이 필요할 것이다. 예를 들어보면 이렇다. 1인당 7

천 원 정도 하는 국숫집을 한다고 가정해보자. 하루에 100만 원을 팔아야 한다면 필요한 손님의 수는 142명이다. 오전 11시부터 오후 9시까지 하루에 10시간 장사를 한다면 시간당 14.2명의 손님이 들어올 것이고 한 테이블에 2명 정도가 앉는다고 하면 시간당 7 테이블 정도를 받아야 한다. 그러나 식당이란 곳은 점심시간 2시간 저녁 시간 2시간 장사로 하루 매출의 대부분을 만들어 내야 하는 업종이다. 따라서 10시간 동안 시간당 7 테이블을 받으며 우아하게 일을 할 수는 없다. 아마도 피크타임 땐 20 테이블 이상을 소화해 내야 할 것이다. 30평 정도의 가게라면 약 10~15 테이블 정도가 들어갈 터이고 피크타임 두 시간 동안은 가게가 꽉 차서 돌아가야 한다. 이때 주방엔 최소 2~3명 홀에도 2~3명 정도의 인원이 필요할 것이다. 물론 업장의 규모, 종류, 위치 등에 따라 충분히 다를 수 있다. 참고로 음식점별로 테이블 간격은 홀서빙의 차이(기본 반찬류 수 및 그릇 크기 등) 때문에 달라야 한다. 그러한 차이가 있다고 하더라도 이 책을 정독한 사람들이라면 분명 스스로 자신들의 보다 정확한 숫자를 찾아내기에 부족함이 없을 것이라 생각한다. 정확하진 않아도 지금 설명하고 있는 계산만으로도 막막함을 해소하기엔 충분할 것이다.

인건비의 구성을 살펴보면 다음과 같다. 최저임금으로 4대 보험이나 식대 등을 포함하면 2022년 현재 1인당 월 200~250만 원 정도의 인건비가 지출된다. 직원이 5~6명이면 1000~1500만 원이며 하루에 100만 원이 손익분기점인 점포의 월 매출액 3000만 원의 40~50%라는 뜻이다. 여기서 주의할 점은 많은 사람들이 본인(사장)의 인건비를 계산하지 않는 경우가 많은데 이는 잘못된 계산이니 주의한다. 반드시 본인의 인건비는 인건비 계산에 포함되어야 한다.

종래 인건비는 고정비로 생각되어 왔지만, 그것으로는 적정한 비용 조절을 할 수 없기 때문에 최근에는 고정비와 변동비 양쪽의 성격을 모두 갖춘 준변동비로 취급하는 것이 일반적이다. 사원 3~4인만으로 운영하고 있는 소규모 식당이라면 인건비는 거의 고정비로 취급될 수밖에 없는 반면 종업원의 총 노동시간에서 차지하는 시간제 종업원(파트타이머)이나 아르바이트의 노동시간 비율이 높은 규모의 식당이라면 인건비는 준변동비 성격이 강해진다. 그런데 인건비에는 앞서 4대 보험에 관하여 잠시 이야기하였지만 다양한 명목의 비용들이 있다. 보통 인건비라고 하면 떠오르는 것은 정규직원들의 기본급과 수당에 시간제 종업원이나 아르바이트의 급여 정도이겠지만 그 외에 상여금, 퇴직금, 법정 복리후생비, 교육비, 구인 비용도 인건비에 포함된다. 따라서 사람을 한 명 쓴다는 것은 보이는 것보다 비용이 많이 드는 일이다. 특히 정규직의 경우에는 시급으로 환산하면 시간제 종업원이나 아르바이트의 2배가 훨씬 넘게 되는 것이 보통이다. 이러한 의미에서 고정비 성격의 인건비를 파트타이머나 아르바이트의 비율을 높이면서 변동비화시키는 것은 이익을 창출하는 중요한 포인트가 된다. 관리 가능 비용 중에서 가장 큰 것이 인건비이다. 따라서 인건비에 대해 철저히 원가 의식을 갖는 것이 경영자가 해야 하는 관리의 시작이다. 인건비의 전략적인 변동비화야말로 경영자의 역량에 의하며 좌지우지되는 사업의 타당성을 높일 수 있는 키 포인트라 할 수 있다.

　　정리하자면 인건비의 경우 4대 보험료, 식대와 교통비 지원 등의 복리후생 비용을 모두 고려하여야 한다. 실제 직원을 고용함으로 인하여 발생하는 총 비용은 급여액의 120~140% 수준에 달하는 것이 일반적이다.

아울러 퇴직급여는 적지 않은 금액이 특정 월에만 반영되므로 총 급여의 1/12씩 매월 나누어 예수하여 비용으로 처리하면 관리가 용이하다. 이는 실질 인건비의 계산을 용이하게 하고 인건비 지출 부담을 분산시키는 효과를 낸다.

· **식재료비**

요식업종의 평균 식재료비(Food Costs)는 매출액의 20~40%이다. 물론 고급호텔같이 빙수 하나를 5~6만 원에 파는 경우 10% 후반대에도 맞출 수는 있으나 보통은 30~35% 사이라고 계산하면 무난할 것이다. 직접 발품을 팔아 시장 같은 곳에서 구매하는 물품이 많지 않다면 현실적으로 35% 정도는 나온다고 봐야 한다. 즉, 매출액 3천만 원의 35%는 약 천만 원이라 하겠다.

여기서 사업을 오래 영위해 온 사장님들이 많이 사용하는 메뉴 가격 산정 공식을 하나 소개하자면 "원가에 3.5배를 곱하라."이다. 원가에 보통 3.5배를 한 금액으로 메뉴가격을 산정하면 식재료비는 30% 정도가 된다. 예를 들어 천 원짜리 사이다를 매장에서 3천5백 원(1천 원×3.5배)에 팔면 식재료비가 28.5%가 된다. 숫자에 약한 사람이라도 원가에 3.5배를 붙여서 팔도록 하면 30% 선에서 원가 관리가 될 것이다.

식재료비의 관리는 항목이 많기 때문에 매출보다 정리하기가 어렵고 귀찮다. 따라서 매월 사용하는 비용을 잘 구분하여야 관리가 가능할 것이다. 실제 지출인 통장 출금액과 비용 계산을 일치시키기 위하여 모든 비용 항목을 손익계산서에 빠짐없이 포함하는 것은 물론이고 여러 항목으로 구성된 복잡한 내용을 쉽게 파악하고 정리할 수 있도록 분류기준에 따라 묶어주는 것이 필요하다. 예를 들어 주재료와 부재료로 크게 분류하거나 매입처에 따라 구분해 주면 그 관리가 쉽고 원가의 변동을 파악하는 데 도움이 된다. 가격의 변동이 큰 특정 식자재의 사용 비중이 높은 고깃집이나 횟집 같은 전문 식당이라면 원가관리를 위하여 주재료의 매입 비용은 반드시 따로 관리하는 것이 좋다. 아울러 폐기되는 식자재를 기록 관리하는 것은 비싼 식자재를 주로 사용하는 업소에서는 반드시 시행하는 것을 추천한다.

· 임차료

임차료는 대표적인 고정비이다. 월세를 말하며 임차료에는 관리비와 부가세, 공동사용료 등을 포함하여 관리하여야 한다. 참고로 임대차보호법이 개정됨으로 인하여 식당 주인이 보호받을 수 있는 식당의 계약 기간은 10년이며 임차료는 최대 5% 이내로만 매년 인상될 수 있다. 임차료는 보통 매출액의 10~15% 정도로 맞출 수 있으면 매우 적정한 범위에 있다고 본다. 고정비인 나의 임차료가 높다고 판단될 때 유일한 해결방법은 매출을 올리는 것이다. 한정된 공간에서 매출을 올린 대표적인 예로 보쌈집으로 유명한 프랜차이즈 업체 ㈜놀부의 배달 전문 브랜드, '공수간'의 '숍인숍 전략'을 뽑고 싶다. 기존 보쌈집 주방에 분식배달업체를 함께 운영하여서 매출의 다변화를 통한 매출 증대 효과로 고정비를 최대치로 이용한다는 것이 콘셉트이다. 대부분의 분식 메뉴는 완성품 형태로 납품이 되어 기존 보쌈점의 주방에 과부하를 일으키지 않으며 신속하게 준비하여 배달할 수 있도록 시스템화하여 매우 성공적인 하이브리드 방식의 사업모델로 평가받고 있다.

참고로 특수상권이라 일컬어지는 장소인 공항, 백화점, 쇼핑몰, 휴게소 등은 매출액의 12~20% 정도의 범위까지 임차료의 비중이 차지하며 이는 유동인구가 상대적으로 안정적으로 확보된다는 입지적 장점 때문이다.

· 세금

세금은 부가가치세 10%만 일단 계산하자. 매출액 3천만 원의 10%는 300만 원. 물론 식재료 구매 등으로 납부된 부가세를 환급받으면 약 7% 정도의 부가세를 납부하게 되겠지만 법인세, 소득세 등의 기타 세금 등을 고려하면 결국 10% 이상의 세금은 지출하게 된다. 계산상의 편의를 위하여 세금은 매출액의 8.3%인 250만 원을 반영하겠다.

부가가치세의 경우는 분기나 반기에 비용 지출이 크게 증가하게 되므로 해당 월의 정상적인 영업손익을 파악하기 어려울 뿐 아니라 실제 비용 지출에 대한 부담도 커지게 된다. 매월 매출의 5% 수준을 다른 통장으로 이체하여 비용 처리하여 예수금을 적립해 두어 관리상의 불편과 함께 비용의 지출 부담도 줄일 수 있다.

· 카드 수수료 및 기타 수수료

보통 수수료를 크게 생각하지 않는 경향이 있다. 확인하는 과정 역시 번거롭기 때문에 적은 금액으로 치부하고 무시하는 사장님들이 많은 것이 사실이다. 매출액 대비 얼마 안 되는 적은 돈이라 생각한다면 순수익을 기준으로 다시 생각해 보길 바란다. 매출액의 2~3%라는 액수는 보통 영업이익의 5~10% 정도의 큰 금액 차이를 발생시킬 수 있다. 적지 않은 금액이며 잘 관리하여야 할 항목이다.

수수료는 보통 신용카드 수수료, 외부결제 수수료, 중개 수수료, 배달 대행 수수료 등이 있다(다음의 표 참고).

구분	내용	요율수준
신용카드 수수료	매출규모 및 카드사별 차등	1.5~3.5%
외부결제 수수료	배달앱별 차등	3.0~4.0%
중개 수수료	배달앱별 차등	0~12%
배달 대행 수수료	매장 또는 고객 부담	정액형

만 원짜리 메뉴를 판매하였다고 가정하면 실제 입금액은 8,350~9,850원 사이가 된다. 요즘은 휴대폰 결제, 삼성페이, 카카오페이, 토스, 페이코를 비롯하여 다양한 결제 방법들과 같이 다양한 중개플랫폼이 있다. 따라서 다양한 수수료율이 적용되나 3.5% 정도를 계산에 반영하면 신뢰할 만한 결과를 나타낼 것이다. 3천만 원의 3.5%는 약 백만 원.

· **기타경비**

전기, 가스, 수도, POS 이용비, 음악 저작권비 등의 경비로서 일반적으로 매출액의 약 5%이다. 3천만 원 매출액의 5%면 150만 원.

자, 이제 손익분기점을 계산해 보자.

수입(+)	월매출	3,000만 원	매출대비%
고정비(-)	월세	300만 원	10.0%
준변동비(-)	인건비	1,200만 원	40.0%
변동비(-)	원재료비	1,000만 원	33.3%
변동비(-)	세금	250만 원	8.3%
변동비(-)	카드수수료	100만 원	3.3%
고정비/변동비(-)	기타경비	150만 원	5.0%
	손익	- 만 원	

사업을 이미 하고 있는 사람들은 체감할 것이다. 월세는 매출액 대비 15%를 넘으면 이윤을 내기 힘들고, 인건비 비중은 가급적 40% 이내로 맞

추어야 하며 식재료비 역시 35% 이상이 되면 좋지 않은 상태에 있다는 신호이다. 그렇지만 혹시 자신의 가게가 만족스럽지 못한 숫자를 나타내고 있다고 절망하지 않았으면 좋겠다. 손익분기점을 구하는 과정에서 정상범주를 넘어선다 판단되는 항목이 발견될 수 있을 것이고 그렇다면 당신은 그것을 해결해 나가면 되는 것이다.

모바일통신, 애플리케이션, 디스플레이, 사물인터넷 등 기술 수준이 고도화되고, 상용기술이 대거 산업 현장에 적용되면서 국내 외식업체의 운영 형태 또한 빠르게 변하고 있다. 인건비, 임차료 상승 등에 따른 영업 비용의 증가는 분명히 외식업체들의 비용 부담을 가중시키고 있으나, 일부 외식업체들은 주방 설비 부분 자동화, 키오스크 사용, 조리 및 서빙 로봇 도입, 공유주방 활용 등을 통해 비용 절감을 시도하고 있다. 특히 프랜차이즈 매장이나 대학가의 젊은 층의 이용이 많은 매장을 중심으로 키오스크 사용이 빠르게 확대되면서 인건비 절감효과뿐만 아니라 주문 및 결제 시간 단축 효과가 크게 나타나는 것으로 파악된다.

이렇듯 새롭고 다양하고 신선하고 참신한 방법들을 본인들의 방식으로 적절하게 접목시킨다면 충분히 해결할 수 있을 것이다. 다시 한번 말하지만 사업을 시작하려는 모든 이들이 이것은 명심했으면 좋겠다. 사업이 시작되었다면 당신은 반드시 문제를 해결하여야 하는 사람이 되었다는 이야기이다. 늘 연구하고 공부하고 분석하고 실험하여야 한다.

2
아이템 선정이 먼저일까?
점포를 구하는 것이 우선일까?

프랜차이즈 매장을 운영하든, 자영업 매장을 운영하든, 당신이 고수이든, 초보이든 사업을 시작하기 위해 누구나 가장 먼저 해야 할 것이 있다. 우선 다음의 간단한 퀴즈를 풀어보기 바란다.

다음 중 비즈니스를 시작하기 위하여 가장 먼저 해야 할 것은?

① 아이템 선정   ② 점포 위치 선정

이 질문에 한참을 고민하고 있다면 당신은 아마도 초보일 확률이 매우 높다. 정답을 미리 알려주자면 '그때그때 달라요'이다.

자, 그럼 필자의 동네에서 6~7년간 업종이 5번쯤 바뀐 한 상가 점포에 대해 이야기를 해보려 한다. 점포의 위치는 경기도 분당에 위치한 어느 고등학교 정문 앞이고, 이용객이 많지 않은 노선 1~2개의 버스 정거장 (보통 노선 5개 이상의 버스 정류장 50m 이내는 목 좋은 상권으로 본다.) 바로 앞에 있으며 길 건너에는 대규모 아파트 단지가 있으나 아파트 주민들은 보통 길을 건너 해당 상가 쪽으로 많이 건너오지 않으며, 상가가 있는 쪽은 인구 5천 명 정도의 다가구 주택단지가 들어서 있는 보증금 3천·월세 150만 원·15평 크기·복층 구조인 1층 점포이다. 그동안 망했던 업종은 카페 2회, 분식점 1회, 옷가게 2회였다.

무엇이 문제였기에 그렇게 많은 사장님들이 눈물을 흘렸을까? 서두에 사업 타당성 검토의 중요성에 대해 설명하면서 시작하기도 전에 승패가 결정될 수 있다는 이야기를 했다. 이제부터 1장에서 살펴본 요소들을 토대로 그 이유를 살펴보고자 한다.

앞서 언급했지만 유동인구가 많지 않은 전형적인 주거지역 내에 있는 상권이기 때문에 박리다매 구조의 사업으로는 승산이 없다. 객단가가 높지 않은 카페나 분식점, 보세 옷집이라는 아이템과 현재의 점포 위치는 궁합이 맞지 않는다. 이 부분이 앞서 설명한 시작 전에 이미 승패가 결정된다는 이야기이다.

그럼 이제 1장에서 설명한 손익분기점을 살펴보아야 한다. 월세가 150만 원이므로 3일(영업일) 안에 월세를 뽑으려면 일 매출이 50만 원 정도는 나와줘야 유지가 될 수 있는 자리라 할 수 있다. 복습해 보자면 임차료의 비율을 매출액 대비 10%대로 맞출 수 있어야 한다. 물론 요식업 매장과 옷가게의 계산법이 똑같지는 않다. 직원 수도 옷가게가 훨씬 적을 것이고 원가도 차이가 날 것이다. 하지만 이 경우 손익분기점은 크게 차이 나지 않을 것이다. 왜냐하면 워낙 작은 규모이기 때문에 비용에서 가장 큰 부분을 차지하는 직원 수 차이가 크게 나지 않을 것이기 때문이다. 이곳에 객단가가 5천 원 정도인 분식집이나 객단가가 4천 원 정도인 카페를 오픈하는 경우 본전치기를 하기 위해 우리는 몇 명의 손님을 받아야 하는지 알 수 있다. 분식집은 약 100명, 카페는 120여 명의 손님이 매일 와야 한다. 물론 배달을 할 수는 있으나 배달로써 매력적인 아이템을 가진 매장들이 아니어서 배달의 비중은 10~15%를 넘지는 않았을 것이라 추측된다. 옷가게의 경우는 온라인판매 위주였을 것으로 판단되는데, 굳이 상대적으로 비싼 1층을 선택할 필요는 없다. 참고로 보통 온라인쇼핑몰은 지하나 외곽(주요 상권 이외의 입지)에 위치하여 임차료에 대한 부담을 줄이는 전략을 많이 쓴다.

이 사례에서 무엇을 알 수 있을까? 이제 다시 퀴즈를 풀어볼 차례이다. 위의 사례에서 사업의 시작단계에서 고려하여야 할 것은 아이템 선정인가, 점포의 위치 선정인가?
우리에겐 점포의 위치와 상권의 특징이 특정되어 있다. 그 경우 정답은 그 점포에 딱 맞는 아이템을 찾는 것이다. 필자는 위 점포에 대해 사업 타당성에 관하여 문의하는 의뢰인이 있다면 다음과 같이 조언할 것이다.

첫째, 객단가가 높아야 한다. 적어도 9천 원~1만 원대인 아이템을 선택하여 유동인구가 적다는 단점을 극복해야 한다. 객단가가 1만 원인 경우 매일 50명, 즉 20~25테이블 정도의 고객을 확보할 수 있어야 한다. 15평 정도에 테이블을 넣는다면 업종에 따라 다르긴 하지만 대략 5~6개 정도가 가능하다. 다시 말해서 만석시 최대 20~24명 수용이 가능하므로 손익분기점 시(일 매출 50만 원일 때) 테이블 회전율은 2회전 정도라 볼 수 있다. 일

2회전 정도는 충분히 달성할 수 있는 수치라 판단된다.

둘째, 온라인과 오프라인에서 동시에 판매가 가능한 아이템일 것. 마찬가지로 적은 유동인구의 핸디캡을 보완하기 위해서 배달 최적화 등이 가능한 아이템일 필요가 있다. 이는 제한적인 가능 소비자의 범위를 늘려주는 효과가 있기 때문에 유동인구가 많지 않은 상권에 입점하는 점포들은 필히 고려하여야 하는 사항이다.

마지막으로, 재구매율이 높은 아이템, 일주일에 한두 번 이용을 해도 질리지 않는 아이템일 것. 대로변 유동인구가 많지 않은 주거지 상권일수록 재구매율이 높은 아이템을 선택하여 회전율을 높일 수 있는 전략을 써야 한다. 예를 들자면 파스타집의 경우 보통 3~4주에 한 번 구매주기가 형성되고 백반집의 경우 3~4일에 한 번 구매주기가 형성된다. 이 경우 인구 5천 명이 3~4주에 한 번 선택하는 메뉴를 런칭한다면 실제 해당 상권에는 5천 명이 한 달에 한 번 정도 들리는 셈이므로 5천 명 이하의 잠재 고객이 있는 상권이 되고, 구매주기가 3~4일에 한 번 형성되는 아이템을 런칭한다면 같은 위치지만 실제 잠재 고객은 5천 명이 한 달에 7번 정도 들리는 셈이므로 잠재고객이 3만 5천 명 정도의 상권이 형성된다 할 수 있다.

반대의 경우는 앞선 사례를 역순으로 적용하면 된다. 아이템이 먼저 정해진 경우는 위에서 살펴본 요소들을 적용시켜 본인의 아이템에 맞는 위치의 점포를 선택하여 사업 타당성을 높여야 할 것이다.

장단점은 공존한다. 일방적으로 좋기만 한 장소도 없을뿐더러 일방적으로 나쁘기만 한 상권도 없다. 사업 타당성을 높일 수 있는 방법이라는 것은 결국 단점을 줄여서 장점을 키우는 것이다.

3
봉준호와 조여정; CEO의 역할

조여정은 개인적으로 정이 많이 갈 수밖에 없는 배우이다. 지인의 가족이었기 때문임은 차치하더라도 오랜 시간을 지켜봐 온 팬으로서 바라본 그녀는 늘 열정적이었고 작은 배역에도 최선을 다하던 좋은 성품의 사람이기 때문이다. 반면 봉준호 감독에 대해서는 상대적으로 많이 알지 못했다. 히트한 작품이 많은 감독, 해외 진출도 성공적으로 한 감독 이상의 의미가 없던, 그냥 내게는 『살인의 추억』, 『설국열차』 같은 재미있고 성공한 영화를 많이 만든 유명한 감독이었다.

2019년은 조여정의 해라고 해도 과언이 아닐 정도로 그녀가 날아올랐다. 20년 이상을 묵묵히 응원해 온 한 사람으로서 함께 행복하였고 한편으로 미안한 마음을 비롯한 오묘한 감정들이 공존했다.

월드클라스급으로 성장한 봉준호라는 감독이 차기작에 조여정을 캐스팅했다는 뉴스를 접했을 때 솔직히 의아했다. 내가 알고 있는 조여정이라는 배우의 조합이 봉준호 감독의 기존 작품들의 '결'과는 어울리지 않아 상상이 되지 않았기 때문이다. 아마도 '고정관념'이라는 불치병이 원인이었을 것이다. 나에게 조여정이란 배우는 '착하고 예쁘고 작고 귀엽고 순수하고 똑소리 나는 이미지를 가진 여배우'라는 카테고리에 속한 사람이었기 때문이었다. 그 사람에 대해 조금은 알기 때문에 그 고정관념이란 것이 더 강하게 박혀 있었다. 실제로 내게 조여정 배우는 해외여행을 가서 시차 적응이 안 된 상태에서도 새벽에는 꼭 조깅을 하고 술도 거의 마시지 않고 밤 10시만 되면 취침을 해야 하는 바른 생활의 아이콘으로 기억된다. 그러던 그녀였기에 『방자전』과 같은 19금 작품에 출연하면서 맞지 않은 옷을 입었다는 느낌을 지워버릴 수 없었던 것도 사실이다. 물론 결과적으로 그러한 그녀의 연기 변신이 『기생충』의 조여정을 만들었겠지만 말이다.

　『기생충』을 보고 나는 봉준호라는 사람에 대해 '존경'이라는 표현을 선사하고 싶었다. 그 작품 안에서 조여정이라는 배우는 그녀의 20년 이상의 연기 스펙트럼에서 찾아볼 수 없었던, '돈 많은, 밉지 않은, 푼수기가 있는, 과하지 않게 섹시하고, 순수하고, 귀여운 주부 역할'이라는 처음 입어보는 옷을 입었고 놀랍게도 그것이 남거나 모자람 없이 너무나 꼭 맞았다. 그 배역이라는 옷은 봉준호라는 디자이너가 만들었고 그는 그 옷에 딱 맞을 사람으로 조여정이라는 모델을 선택하였다. 사람들은 옷가게에서 옷을 구입하기 전에 피팅룸에 들어가 자신이 골라 놓은 옷을 입어보고 최종적으로 구매 결정을 한다. 그런데 나는 배우가 옷을 입어 보지도 않았는데 지레짐작으로 '안 어울릴 것'이라고 판단하였다. 조여정 배우는 체구가 작아서 실제로 보면 아이 같다. 그래서 더 30대 후반 조여정의 이미지에 대한 맞는 퍼즐을 찾지 못했던 것 같다. 어쩌면 그녀가 나이 들어가는 것을 그녀 자신보다도 더 인정하고 싶지 않았었나 보다.

봉준호 감독은 그녀가 한 번도 입어보지 않았던 꼭 맞는 옷을 만들어 입혔고 이러한 안목이 그를 세계적 수준 감독의 반열에 올려놓은 것이 아닌가 생각한다. '변신'이라는 것은 결코 쉬운 것이 아니다. 특히 수십 년 동안 대중에게 각인된 연기자의 이미지를 바꾸어 놓는 것은 거의 불가능에 가까운 일일 것이다. 봉준호 감독은 단지 재미있는 시나리오의 작품들을 멋진 영상에 담을 수 있는 사람이었기 때문에 지금의 위치에 있게 되었다 생각하지 않는다. 그는 틀에 박힌 배우들의 이미지를 그대로 차용하여 쉽게 영화를 제작하지 않았고 배우들에게서 새로운 이미지들을 발굴하여 녹여내는, 소위 '연기 변신'이라는 힘든 과정을 선택하여 그의 닉네임인 '봉테일'처럼 세계적인 작품으로 '디테일'을 완성시켰다.

감독은 사업을 하는 조직에서는 CEO와 같은 역할이다. 투자자들은 감독의 운영능력을 보고 과감하게 투자액을 결정할 것이며 그에게 요구되는 능력 중에는 배역이라는 요소 적재적소에 잘 맞는 사람들을 배치시켜 그 작품을 순항하게 만드는 것이 포함된다.

외식업은 노동집약적인 사업이며 이직률이 매우 높은 업종이다. 따라서 어느 산업보다도 인력관리에 세심한 주의가 필요하고 숙련된 종업원의 이직을 최소화하기 위해 종업원의 사기진작과 동기부여가 중요하다. 내 마음에 맞는 사람을 찾기 힘들다는 의미일 뿐만 아니라 마음에 들지 않는 사람들도 최대한 끌고 나가야 하는 업종이라는 이야기이다. 어느 직원의 장점이 51이고 단점이 49라면 그 사람을 해고하고, 장점이 70 이상인 사람을 고용하기보다는 최대한 그 사람의 장점을 활용하면서 그의 능력을 끌어낼 수 있는 위치에 배치시켜야 한다. 봉준호 감독이 조여정 배우에게서 끌어낸 것은 20여 년 동안 다른 CEO들이 발견해 내지 못한 그녀의 강점이었다고 생각한다. CEO는 직원 스스로도 알지 못하는 그들의 장점을 캐치하여 그것들을 발산할 수 있게 만들어 줘야 한다. 예를 들어보자. 어떤 직원이 굉장히 민첩하고 깔끔한데 대인관계가 좋지 않고 말투가 퉁명스럽다면 홀서빙보다는 주방 업무를, 반대로 민첩하지도 깔끔하지도 못하지만 사람을 편하게 해주고 위기 대처능력이 돋보인다면 홀서빙을 맡겨야 할 것이다.

직원을 해고하는 것은 하수들의 전략이고 직원을 잘 배치하여 활용하는 것은 고수들의 전략이다. 그만큼 어렵다는 것이다. 이봉주 같은 마라토너에게 100m 달리기를 시키고 성적이 안 나온다 탓하는 감독이 될 것인지, 100m 달리기에서 성적이 나오지 않아 좌절하고 있는 선수에게 마라톤선수로의 종목 전환을 통하여 세계적인 선수로 만들 감독이 될 것인지는 CEO의 자질과 능력에 달려있다.

명심하자. 프랜차이즈 본사의 대표만이 CEO인 것이 아니다. 프랜차이즈 점주든, 구멍가게 사장님이든 사업체를 운영하는 사람들은 모두 최고경영자, CEO이다.

외식업이라는 시장은 인간의 본성인 '의식주'에 관한 욕구 중 '식'에 해당하는 인간의 기본적인 욕구를 충족시켜야 하는 생활밀착형 업종이 모여있기 때문에 진정성이 수반되어야 하며 하루아침에 슈퍼스타가 될 수 없는 매우 치열하며 지루한 전쟁터이다. 브랜드의 명성이나 가치보다 더 중요한 것은 브랜드를 발전시켜 나갈 수 있는 지속성이며 이를 위해 봉테일과 같이 '디테일'이 강한 운영자가 되어야 한다. 디테일이 없어도 누구나 사업을 시작할 수 있다. 하지만 디테일이 없이는 누구도 성공할 수 없다. 디테일이란 한 끗 차이 정도로 치부될 만한 사소한 것이 아니다. 좀 더 쉽게 설명해 보자면, 100m를 30초 안에 완주하는 것은 디테일 없이 일단 사업에 뛰어든다는 것이다. 11초, 10초, 9초대 이렇게 완주하는 시간을 인간의 한계치까지 점점 줄여나가는 작업이 바로 디테일이다. 누구나 달릴 수 있다. 하지만 디테일이 없다면 누구도 메달을 딸 수 없다.

사업 타당성을 검토하는 과정에서 인건비의 중요성에 대하여 수차례 강조하였다. 인건비는 단지 돈의 문제일 뿐만은 아니기 때문에 더더욱 섬세한 관리가 사업의 성패에 중요한 요소로 작용하게 된다. 적재적소에서 직원들이 최대한 그들의 능력을 발휘하게 시스템을 만들 수 있다면 분명 사업의 타당성은 높아진다. 봉준호 감독이 그랬듯, 당신들의 조여정을 발굴하여 또 한 번의 오스카상을 받게 되는 세계적인 CEO가 되길 응원한다.

4
자영업자의 무덤?

미국에서 한국인 자영업자들 사이에서 흔히들 하는 말 중에 "한국에서 하는 노력의 십분의 일만 하면 미국에서 성공한다."는 이야기가 있다. 실제로 필자가 8년 정도 미국 프랜차이즈 본사에서 근무를 하며 체감하였기 때문에 맞는 말 같다고 생각하지만 한때 유행하던 유명한 광고카피, "남자한테 참 좋은데, 설명할 방법이 없네."와 비슷한 이유로 막상 풀어 설명하기가 힘들었다. 그 후로 아랍에미리트의 두바이에서 같은 브랜드의 중동지역 최고 운영자로 근무를 하게 되어 2년여간 사업을 진행하며 느꼈던 것은 "미국에서 하는 노력의 십분의 일만 하면 두바이에서 성공한다."였다. 미국에 비하여 두바이는 세금 메리트가 너무 좋은 나머지 돈을 벌기 정말 매력적인 나라였다. 그때도 '참 좋은데, 설명할 방법이 없네.'라며 지나쳤었다.

그 후로 한국에서 법인을 설립하여 사업을 진행하면서 '이상하네, 왜 안 통하지' 싶었던 일들이 너무 많았다. 미국과 두바이에서 철석같이 통하던 10년간의 경영전략이 한국에서는 하나둘씩 틀어지기 시작했다. 정확히 말하자면 그 지속 효과가 너무나 짧았다. 실론코코라는 회사는 국내 최초로 롯데마트에 코코넛오일이라는 아이템을 런칭한 회사이다. 정식 물량 수입 전 샘플만 들고 가서 진행한 미팅에서 입점이 결정되었고 처음에는 30개 정도의 테스트 매장에서 시험판매 3개월 정도의 기간을 거친 후 110여 개 전 점포에서 판매를 하였다. 설립 3개월 된, 아이템 하나 가지고 있던 신생회사가 대형마트의 1차 벤더사가 된다는 것은 매우 힘든 일이다. 그러나 영광의 시간은 짧았다. 한국을 10년 이상 떠나 있던 내가 상상도 못 했던 것은 한마디로 한국 내에서의 '경쟁률'이었다. 런칭 첫해에 1병당 3만5천 원 정도에 판매하던 코코넛오일의 판매가격은 2년이 지나 9천 원대로 떨어졌고, 경쟁업체의 수는 100여 곳을 넘겼다. 지난 10여 년간 해외에서는 한 번도 경험해 보지 못했던 환경에 소위 말해 멘붕이 왔다.

그렇다면 한국의 미친 경쟁률은 어떻게 설명되어야 하나? 가맹거래사로서, 창업 컨설턴트로서 책을 쓰고, 강의 자료를 만들고, 강의를 하면서 비로소 답을 찾았다. '자영업자 비율'이 바로 그 이유이다. 다음은 2019년 국제 노동기구에서 발표한 각 국가의 자영업자 비율표에서 주요국을 분류한 표*이다.

인도	77.9	유럽연합	15.5
베트남	56.0	OECD 평균	15.2
인도네시아	50.2	일본	10.3
중국	46.4	미국	6.2
필리핀	37.3	아랍에미리트	3.4
한국	25.1		

* Self-employed, total (% of total employment) (modeled ILO estimate) International Labour Organization, ILOSTAT database. Data retrieved in September 2019.

정확히 십분의 일은 아니지만 한국과 미국 그리고 아랍에미리트의 자영업 비율을 살펴보면 얼추 필자가 서두에 설명하였던 미국과 두바이에서 사업을 하며 느꼈던 체감률(사업의 난이도)과 비슷하다는 것을 알 수 있다. 한국에서는 전체 고용(Total employment) 100명 중의 25명이 자영업 경쟁에 뛰어들고 미국에서는 100명 중의 6명, 아랍에미리트에선 3명이 뛰어든다. 즉, 태생적으로 한국은 앞서 설명한 나라들에 비하여 경쟁률이 과도하다는 이야기이다. 이는 국가의 경제 건전성과 관련이 있는 문제이다. 자영업이라는 것은 보통 개인이 선택할 수 있는 최후의 보루 같은 선택지이다. 미국과 같이 경제가 번영하여 실업률이 낮은 나라에서는 보통 등 떠밀려서, 혹은 마땅히 할 것이 없어서 자영업으로 뛰어드는 경우가 우리나라와 비교하여 많지 않은 것이 사실이다. 경쟁이 너무 심하다 보니, 좀 과장하여 설명하자면 누군가가 죽어야 내가 사는 업종이 생겨나고 대표적인 분야가 진입장벽이 상대적으로 낮은 외식업이라 할 수 있겠다.

그럼 왜 대표적으로 외식업이 특히 타격을 입는가에 대해 살펴보고자 한다.

경기불황, 인구의 감소와 같은 뻔한 이유들은 차치하고 소비패턴과 생활패턴의 변화를 꼽고 싶다. 1인 가구의 증가는 고깃집, 피자집 등과 같은 식사류를 제공하는 1차 시장보다는 호프집, 포장마차 등이 속해 있는 2차 시장 그리고 노래방 등으로 분류되는 3차 시장에 직접적인 타격을 주고 있다. 단체로 먹고 마시고 놀던 분위기의 사회에서 개인적으로 즐기는 사회로의 변화에 따른 생활패턴의 변화로 1인 간편식(HMR: Home Meal Replacement) 시장이 폭발적으로 늘고, 단체로 들어가 한두 시간씩 땀 흘

리며 노래하던 노래방문화는 한두 명이 들어가 노래 두세 곡 하고 나오는 코인노래방으로 대체되고, 직장의 회식이 줄어드는 등 소비의 패턴이 변화하고 있다. 과도하게 높은 경쟁률로 인하여 음식점끼리 경쟁을 해도 살아남기 힘든 형국에 그동안 다른 분류로 구분되어 있던 대형마트 및 식품 회사와 같은 도소매업종 및 유통업종까지 그 경쟁에 뛰어들게 만들었고 기존 자영업자들에게 있어 그로 인한 부정적 파급력은 엄청나다 할 것이다.

인건비의 급격한 증가 역시 파급력을 키우는 요소이다. 다른 업종에 비해 요식업 종사자들의 생산성은 떨어진다. 쉽게 말해 타 업종 종업원 1인당 연간 기대 매출을 10억 원으로 잡는다 하면 요식업에서는 종업원 1인당 기대 매출이 1억 원도 안 된다는 것이다. 즉, 인건비의 비중이 타 업종에 비하여 크기 때문에 최저임금제의 급격한 상승은 요식업이라는 시장 자체에 엄청난 압박으로 작용을 할 수밖에 없다.

마지막 이유는 시장에 준비되지 않고 유입되는 비전문가의 비율이 매우 높다는 것이다. 제조업이나, 통신업, 교육, 정보, 기술, 전기 등의 분야로 뛰어드는 자영업자의 진입장벽에 비해 요식업은 누구나 시작을 할 수 있다. 진입장벽이라는 것 자체가 미미하기 때문에 준비가 안 된 비숙련, 비경험, 비전문가가 선택할 수 있는 가장 쉬운 장르이다 보니 타 업종에 비하여 쉽게 말해 박 터지는 싸움터가 되어 버릴 수밖에 없다. 요즘 화제성이 매우 높은 프로그램인 골목식당을 통해 그동안 드러나지 않았던 준비 안 된 사장님들의 모습을 보면 쉽게 이해가 갈 것이다. 실제로 그 프로그램에서 백종원 씨는 요식업을 쉽게 시작하는 사람들에게 현실을 보여주어 경각심을 일으키게 하려고 시작한 프로그램이라는 이야기를 한 적이 있다.

그렇다면 외식업에 답은 없을까?

대부분의 현상에는 장단점이 공존하며, 위기와 기회 역시 공생의 관계에 있다. 앞서 언급했던 외식업의 취약성과 단점, 위험성 등을 살펴보면 다음과 같은 해결책을 찾아볼 수 있다.

첫째, 준비하고 뛰어들라. 흔히들 생태계 파괴자라는 표현을 쓴다. 예를 들자면 백종원 씨가 유튜브를 시작하고 며칠 안 되어 구독자 수가 백만 명을 돌파한다든가, 아마추어 선수들이 참가하는 다른 나라와 달리 병역문제 해결을 위해 프로선수들로 대부분 꾸려지는 한국 국가대표 야구팀이 아시안게임에 출전하면 거의 무조건 금메달을 딴다든가 하는 현상을 설명하는 표현이다. 앞서 외식업의 전쟁터에는 비전문가들의 비율이 매우 높다고 이야기하였다. 다시 말하면 철저한 사업 타당성 검토와 같은 '준비' 과정을 통해 보다 많은 무기를 장착하면 장착할수록 그 전쟁터에서 생태계 파괴자가 되기가 어렵지 않다는 이야기이다. 선수들이 계속 돈을 버는 이유이기도 하다. 커피 프랜차이즈 전문점인 이디야 커피는 최근 가맹점 3천 개를 돌파하였다. 카페가 약 9만 곳 이상이 운영되고 있는 대한민국에서 일어난 일이다. 그렇다고 자영업 시장의 장래가 밝다는 이야기는 아니지만 충분히 버틸 수 있다는 이야기를 하는 것이다. 버틸 수 있고, 살아남을 수 있고, 성공할 수 있다.

두 번째는 올바른 운영 시스템 구축이다. 가게 내부의 동선만 잘 짜도 인건비를 줄일 수 있다. 반대로 동선이 체계적이지 못하면 인건비를 더 쓸수도 있다. 또한 키오스크나 자동화 장비의 도입 등을 통하여도 인건비를 줄일 수 있다. 인건비의 비중이 큰 업종에서 인건비를 줄일 수 있는 모든 방법들은 결국 나의 사업에 강력한 무기로 사용될 것이다.

동선에 대해 조금 더 이야기하자면, 30평의 매장이 하나는 단층이고 다른 하나는 각 15평 규모의 복층인 매장이 있다고 할 때 당연히 단층 매장에 비해 복층 매장이 인건비가 더 든다. 2층에서 서빙 중인 종업원이 동시에 1층에 입장 중인 손님을 응대할 수 없고, 1층에서 식사 중인 고객들에게 서비스할 수 없기 때문에 종업원 1명이 처리할 수 있는 업무의 물리적 범위가 단층 업장에 비하여 상당히 줄어들 수밖에 없기 때문이다. 따라서 매장의 업무 동선 설정은 매우 중요하다. 대표적인 예가 주방의 위치이다. 가게의 모양에 따라 다르겠지만 주방이 입구에 위치하는가, 가운데 위치하는가, 안쪽에 위치하는가에 따라서도 필요 인원이 한두 명정도는 쉽게 차이가 날 수 있다.

2019년 저가 커피 시장에 돌풍을 일으키고 있는 메가커피라는 브랜드가 있다. 빽다방으로 기울어져 가던 저가 커피 시장의 무게추를 급격하게 자기들 쪽으로 움직이고 있는 눈에 띄는 브랜드이다. 처음 빽다방을 접하고 백종원 대표의 가성비 전략에 감탄을 금하지 못했던 기억과 함께 다른 업체들이 쉽게 이기기 힘들겠다는 생각을 했었다. 그러나 메가커피를 이용해보고 그 생각이 바뀌었다. 두 브랜드의 결정적 차이는 키오스크이다. 매출이 같다고 할 때 키오스크의 이용으로 직원을 최소 0.5명 정도 절감할 수 있는 메가커피의 승리는 어찌 보면 당연하다. 메가커피는 저가 커피를 팔면서도 다양한 프로모션을 진행한다. 절감되는 인건비를 마케팅이나 프로모션 비용으로 사용하여 브랜드의 경쟁우위 선점에 사용하는 전략을 쓰는 것으로 이처럼 적절한 운영 시스템을 구축하면 상대적으로 다양한 전략 구사를 가능케 하여 경쟁력을 높이게 된다.

세 번째는 "버릴 줄 알아야 한다."이다. 실제 매장에 컨설팅을 하러 가면 제일 흔한 문제는 그 많은 메뉴를 소화할 능력이 안 되는 주방 시스템이다. 구색을 갖추느라, 고객들이 원해서, 경쟁업체가 하고 있으니 주먹구구식으로 추가된 메뉴 구성이 많다. 이런 주방 시스템을 보유하고 있는 업체들의 대표적인 문제점은 속도, 맛의 통일성, 높은 원가를 들 수 있다. 자신의 능력을 초과하여 과중하게 설정된 운영목표는 자연스럽게 효율성을 떨어뜨리고 이러한 문제점들이 쌓이게 되면 결국 고객에게 외면받는 결과를 초래하게 된다.

무질서하게 많은 메뉴를 보유한 업체들은 대부분 장사가 잘되지 않는다. 장사가 잘되지 않아 하나 두 개씩 추가하다 보니 그런 구색을 갖추게 되는 경우가 많다. 그렇기 때문에 더더욱 잘 버리지 못한다. 그들이 두려워하는 것은 처음에 적은 숫자의 메뉴로 실패해본 경험이 있기 때문이다. 여기서 중요한 포인트는 단지 메뉴 가짓수의 문제가 아닌데 말이다. 조금 더 정확히 표현해 보자면 그들에게 필요한 솔루션은 메뉴 숫자를 줄여 품질을 높이는 것이다. 보통 기존에 장사가 안되었던 이유가 숫자 때문이 아닌데 종류의 다양성이 문제라 판단했던 첫 번째 단추가 잘못 끼워졌을 확률이 매우 높다.

정리하자면, 버리라는 것은 선택과 집중을 하라는 것이다. 전략 아이템을 선택하여 그것에 집중하고, 주방의 전투력을 키운 후에 점점 아이템의 숫자를 늘려나가는 것은 전투에 임하는 가장 기본적이고 완벽한 방법이다.

번외로 메뉴에 대하여 한가지 추가하고 싶은 내용이 있다. 메뉴들은 유기적으로 연관이 되어 있어야 한다. 메뉴의 숫자에는 숫자 이면에 숫자 그 이상의 의미를 담고 있다. 예를 들어 보면 이렇다. 치킨을 파는 업장의 메뉴에는 보통 양념치킨, 프라이드치킨, 반반 이렇게 3가지 메뉴는 기본으로 들어있다. 그렇다면 이 업소의 메뉴는 3가지인가? 다른 식당을 둘러보자. 떡볶이, 순대, 그리고 튀김을 파는 분식집이라 하면 이 업소의 메뉴는 몇 가지인가? 메뉴를 줄이라는 것은 분식집의 경우 떡볶이나 순대 또는 튀김을 메뉴에서 빼는 것을 이야기하는 것이지 치킨집에서 양념치킨이나 반반 메뉴를 빼라는 의미가 아니다. 메뉴들을 유기적으로 연결시킨다는 이야기는 공통의 식재료를 사용하여 구매력을 높임과 동시에 메뉴에 다양성을 주지만 주방 과부하에 걸리지 않게 운영을 하라는 전략이 숨겨져 있다. 돼지고기 전문점에서 닭고기나 오리고기를 판다는 것은 좋지 않은 전략이다. 전문성이 떨어져 보임과 동시에 식자재 구매력 저하 및 재고의 압박이 분명히 생길 것이기 때문이다. 백종원 씨는 그의 저서 『장사 이야기』에서 저장고에 넣어두는 재료량은 하루에 필요한 양의 1.5배가 가장 적당하다는 이야기를 하였다. 돼지고기만 1.5일분의 재고를 가지고 운영하는 것과 돼지고기, 닭고기, 오리고기를 각각 1.5일분씩 유한한 장소인 냉장고에 보관하는 것이 앞서 설명한 주방의 과부하 요인 중의 하나이다. 주방의 과부하란 주방의 물리적인 장소의 부하뿐만이 아닌 조리 시 조리 동선 및 시간 등이 포함되는 개념이다.

　앞서 우리나라의 자영업자 비율이 매우 높다는 점을 살펴보았다. 우리나라의 자영업자 비율은 결국 OECD 평균 정도로 내려가리라 추측하나 현재 비율이 감소하는 속도로 봤을 때 꽤 오랜 시간이 걸릴 것임에는 틀림이 없어 보인다. 하지만 코로나19 사태 등으로 인한 자영업자 비율의 하락 속도는 더욱 빨라질 것이다. 자영업을 계획하는 사람이든, 현재 시장에 속해 영업을 하는 사람이든 슬기롭게 위기를 극복하여 기회로 만들 수 있는 무기들을 장착하여 살아남기를 진심으로 응원한다. 사업의 타당성을 검토하는 것은 시작되지 않은 사업의 성공률을 예측해 내는 것이다. 이는 결국 영위하고자 하는 사업을 보다 객관적으로 분석하여 시작할 수 있는 소양을 갖춤으로써 성공의 확률을 높일 수 있는 매우 중요한 과정이다. 그렇다고 이러한 과정 없이 사업을 시작하였다 하여 너무 걱정하지는 않았으면 좋겠다. 사업의 타당성은 사업자에 의하여 유동적으로 변할 수 있으며 본서에서 다루고 있는 내용들을 충분히 검토하고 생각하고 연구하여 행동한다면 독자들의 사업은 분명 지금보다는 더 그것을 영위함이 타당할 것이기 때문이다.

　창업을 하는 여러분들은 반드시 문제에 봉착하게 될 것이다. 창업의 시작을 고민하는 것은 사실 긴 항해의 첫 여정일 뿐이며 본서는 첫 단추를 잘 여미어 후회 없는 출발을 할 수 있도록 도움을 줄 뿐 거친 바다에서 항해의 기간 버티고 버티고 버텨야 하는 것은 오롯이 독자들의 몫이다. 페이스북의 창업자 마크 저커버그는 "중요한 것은 뜨거운 열정이 아니라 지속적인 열정"이라 말했다. 중요한 것은 방향이지 속도가 아니다. 오늘도 꾸준히 묵묵하게, 터벅터벅 목표를 향하여 걸어 나가고 있을 김창대 씨를 응원한다.

참고자료

1. 『한국시장의 프랜차이즈법칙』, 유재은

2. 『대한민국 창업자를 위한 외식업컨설팅』, 이준혁

3. 韓, 자영업자 비중 25%…OECD국가 5위, 청년일보 길나영 기자, 2019.09.30.

4. 『소자본 외식창업 바이블』, 오경수

5. 『프랜차이즈 창업 전에 알았더라면 좋았을 것들』, 손승환

6. 『쌩초보도 고수로 거듭나는 창업의 정석 프랜차이즈 트렌드』, 노승욱, 2017

7. 『백종원의 장사이야기』, 백종원

8. 『페이스북 CEO, 마크 저커버그의 초고속 업무술』, 구와바라 데루야

저자

• 양찬모

Golden Gate University, San Francisco, USA. Master of Science in Finance 석사

전) Miyabi Sushi & Bento LLC. 최고운영자(C.O.O.)

　　미국-아랍에미리트 일식 프랜차이즈 본사 2004~2014

　　㈜실론코코 최고경영자(C.E.O.) 2014~2019

현) 문화벙커 대표이사

　　㈜원씨푸드 구매이사

　　공정거래위원회 등록번호 제659호 가맹거래사

PART IV

가맹계약 체결, 어떻게 할까요?

앞에서 창업희망자가 프랜차이즈 창업을 결정하고 프랜차이즈의 의미에 대해 알아보았으며 또한 창업하려는 업종, 프랜차이즈 브랜드, 상권 등 창업에 필요한 여러 요소를 검토해 보았다. 이제 프랜차이즈 창업 시 가맹본부와 가맹계약 체결 과정에서 알아야 할 사항과 주의사항은 무엇인지 알아보자.

1
가맹계약 체결 시 업무 흐름은 어떠한가?

가맹 상담	예상매출액 산정서*
⬇	
가맹계약 최소 14일 이전	정보공개서, 가맹계약서, 인근 가맹점 현황 문서 수령 및 검토
⬇	
가맹계약일	가맹계약서 작성, 가맹금 예치**
⬇	
영업 개시일	영업 개시 전 인테리어 공사, 인허가 등 영업 개시 준비 완료

* 예상매출액 산정서의 서면 제공 의무는 계약 체결 시에 시행하도록 되어있지만 가맹 상담 과정에서 예상매출에 근거가 되므로 상담 과정에서 요청하도록 하자.
** 가맹금 예치는 정보공개서와 가맹계약서 제공 후 14일이 지나면 가능하다. 여기서는 편의상 가맹계약일에 표기하였다.

2
예상매출액 산정서는 무엇일까?

가맹본부는 가맹희망자와 상담 시 예상매출에 관한 사항을 설명하게 될 것이다. 이때 구체적이고 객관적인 근거 없이 허황된 매출과 순이익을 제시하게 된다면 계약 이후 예상과 달리 매출이 저조할 경우 허위 과장 정보에 해당할 수 있으며 가맹점사업자 입장에서는 최소한의 자료 검토도 없이 계약함으로써 커다란 정신적, 물질적 피해를 입게 된다.

가맹본부와의 가맹상담 과정에서 예상매출에 관한 제시가 있다면 반드시 예상매출액 산정서를 요구하도록 하자. 예상매출액 산정서는 가맹본부의 일정 자격 기준에 따라 반드시 서면으로 가맹희망자에게 제시하여야 하는 경우가 있고, ① 가맹희망자의 예상매출액·수익·매출 총 이익·순이익 등 장래의 예상 수익 상황에 관한 정보나 ② 가맹점사업자의 매출액·수익·매출 총 이익·순이익 등 과거의 수익 상황이나 장래의 예상 수익 상황에 관한 정보를 제공할 경우에도 반드시 서면으로 하여야 한다. 또한 가맹본부는 정보를 제공하는 경우에는 그 정보의 산출 근거가 되는 자료로서 '대통령령으로 정하는 자료'를 가맹본부의 사무소에 비치하여야 하며, 영업시간 중에 언제든지 가맹희망자나 가맹점사업자의 요구가 있는 경우 그

자료를 열람할 수 있도록 하여야 한다.

　앞서 가맹본부의 일정 자격 기준에 따라 반드시 서면으로 가맹희망자에게 제시하여야 하는 경우는 ① 중소기업자가 아닌 가맹본부 ② 직전 사업연도 말 기준 가맹본부와 계약을 체결·유지하고 있는 가맹점사업자의 수가 100개 이상인 가맹본부를 말한다.

가맹점	광역시	주소	보증금 (권리금, 월세)	상권	면적 (㎡)	영업 월수	직전 연 매출 (POS, 추정 매출)
A	대전	대전…	5천 (5천, 월 2백)	대학가	84	18	4억5천(POS)
B	대전	대전…	3천 (2천, 월 2백)	오피스	54	22	3억8천(POS)
……							

가맹사업거래의 공정화에 관한 법률(이하, 가맹사업법) 제9조 제4항

법 제9조제4항에서 "대통령령으로 정하는 자료"란 다음 각 호의 자료를 말한다.
1. 현재 수익 또는 예상 수익의 산출에 사용된 사실적인 근거와 예측에 관한 자료
2. 현재 수익 또는 예상 수익의 산출 근거가 되는 다음 각 목의 자료
가. 산출 근거가 되는 가맹사업의 점포(직영점과 가맹점을 포함한다. 이하 같다.)의 수
나. 해당 가맹사업의 전체 점포 수 대비 가목에 따른 점포의 수
다. 가목에 따른 각 점포와 점포 예정지와의 거리
3. 최근 일정 기간에 가맹본부나 가맹중개인이 표시 또는 설명하는 현재 수익 또는 예상 수익과 같은 수준의 수익을 올리는 가맹점사업자의 수와 그 비율(이 경우 최근의 일정 기간에 대하여 시작하는 날짜와 끝나는 날짜를 표시하여야 한다.)

3
인근 가맹점 현황 문서를 확인하자

정보공개서를 제공할 경우 가맹희망자의 장래 점포 예정지에서 가장 인접한 가맹점 10개(정보공개서 제공 시점에 가맹희망자의 장래 점포 예정지가 속한 광역지방자치단체에서 영업 중인 가맹점의 수가 10개 미만인 경우에는 해당 광역지방자치단체 내의 가맹점 전체)의 상호 소재지 및 전화번호가 적힌 문서(즉, 인근 가맹점 현황 문서)를 함께 제공하여야 한다. 다만, 정보공개서를 제공할 때 장래 점포 예정지가 확정되지 아니한 경우에는 확정되는 즉시 제공하여야 한다.

인근 가맹점 현황 문서는 법의 규정에는 정보공개서와 같이 제공하게 되어 있지만 가급적 미리 제공받아 직접 인근 가맹점을 실사할 필요가 있다. 직접 방문하여 고객의 수를 추정해 보고 가맹본부로부터 제공받은 예상매출액 산정서의 내용과 어느 정도 부합하는지 확인할 필요가 있다.

순번	구분	지역	상호명	주소	전화번호
1	직영	대전	용두점	대전시 중구 용두동….	
2	가맹	대전	노은점	대전시 유성구 노은동….	
……					

4
정보공개서 꿰뚫어 보기

정보공개서 취지

정보공개서는 가맹본부의 일반 현황과 가맹사업 현황, 가맹점사업자의 연간 평균 매출액, 가맹점사업자가 부담하여야 할 사항 등 해당 가맹사업 전반에 관한 정보가 담긴 문서로 가맹희망자의 창업 결정에 도움을 주고자 마련된 제도적 장치이다. 정부에서 매년 표준정보공개서를 고시하고 제도적으로 엄격히 관리 감독하는 이유는 가맹희망자에게 가맹사업 정보를 제공하여 가맹사업 선택의 위험을 줄이고자 하는데 있다. 가맹본부는 가맹희망자에게 정보공개서를 내용증명, 우편 등 제공 시점을 객관적으로 확인할 수 있는 대통령령으로 정하는 방법에 따라 제공하여야 하며, 가맹본부는 정보공개서 및 인근 가맹점 현황 문서를 위 방법에 따라 제공하지 아니하였거나 정보공개서 등을 제공한 날부터 14일(가맹희망자가 정보공개서에 대하여 변호사 또는 가맹거래사의 자문을 받은 경우에는 7일)이 지나지 아니한 경우에는 가맹금을 수령하거나 가맹희망자와 가맹계약을 체결하는 행위를 하여서는 안 된다.

정보공개서는 보통 40~50페이지에 이를 정도로 양이 많고 그 내용 또한 생소하여 사실 꼼꼼하게 검토하기란 쉽지 않을 것이다. 하지만 철저하게 준비해도 성공하기 쉽지 않은 창업에서 그 정도의 검토도 없이 시작한다면 이미 첫 단추부터 잘못 채우고 시작하는 것이다.

정보공개서를 검토할 때는 반드시 가맹계약서와 내용이 같은지 비교하여야 하며 가맹본부의 홈페이지에서 제시된 정보와 다른 점은 없는지, 상담 과정에서 제시된 가맹본부의 홍보물이나 상담내용과 다른 점이 있는지 비교하도록 한다. 왜냐하면 정보공개서의 작성은 일정한 기준에 의해 작성하도록 되어있지만 실제 그 내용이 사실과 부합하는지 여부는 정보공개서 등록 과정에서 검증할 수 없기 때문이다.

정보공개서 기재 내용

정보공개서는 공정거래위원회에서 매년 표준양식을 고시하여 그 기준에 맞추어 작성하도록 하고 있다.

정보공개서의 필수 작성 항목을 보면 다음과 같다. ① 가맹본부의 일반 현황 ② 가맹본부의 가맹사업 현황 ③ 가맹본부와 그 임원의 법 위반 사실 ④ 가맹점사업자의 부담 ⑤ 영업활동에 대한 조건 및 제한 ⑥ 가맹사업의 영업 개시에 관한 상세한 절차와 소요 기간 ⑦ 가맹본부의 경영 및 영업활동 등에 대한 지원 ⑧ 교육 훈련에 대한 설명 ⑨ 가맹본부의 직영점 운영 현황

각 기재 항목의 내용 중에서 가맹계약 전 반드시 체크해 보아야 할 세부 사항을 짚어본다.

정보공개서를 검토할 때는 반드시 전체 내용을 모두 살펴볼 것을 권장하며 아래 내용은 그중에서도 좀 더 주의 깊게 확인하여야 할 부분만을

다뤄본다.

· **가맹본부의 일반 현황**

: **가맹본부의 인수 합병 내역** (중요도 ★★)

3년 이내 해당 가맹사업과 관련 없는 업종의 인수 합병이 있었는지 확인한다. 가맹사업의 건실성을 판단하는 정보가 될 수 있다. 일부 가맹본부는 가맹사업과 관련 없는 업종의 무분별한 진출로 가맹사업을 위태롭게 하는 경우가 있다.

: **바로 전 3개 사업연도의 재무상태표 및 손익계산서** (중요도 ★★★★)

최근 3개년 동안의 가맹본부의 재무상태를 파악할 수 있다. 최근 3개년 동안 매출액은 증가세를 나타내는지 확인한다. 매출액이 지속 감소세를 보인다면 사업에 위기가 있는 것으로 판단할 수 있다. 또한 영업이익과 당기순이익을 발생하는지 체크한다. 특히 영업이익은 그 가맹본부가 회사 본연의 영업활동을 통해 이익을 내고 있는 지 나타내는 것으로 최근 영업이익이 지속적인 적자 상태이거나 점점 악화되는 상황이라면 매우 위험한 상태라 할 것이다. 그 가맹본부의 매출액이 감소하면서 영업이익 또한 적자가 지속되는 상황이라면 재무적 위험이 크다 할 것이다. 자본에 비해 부채의 비율(타인자본(부채)÷자기자본×100)이 과도하지 않은지 확인한다. 부채비율은 일반적으로 200% 이하의 경우 안정적이라고 판단하나 이는 업종 특성이나 사업의 성숙도 등에 따라 판단 기준이 달라질 수밖에 없기 때문에 딱 맞는 기준 이라고는 할 수 없다. 물론 부채비율이 낮으면 낮을수록 재무상태가 안정적이라고 판단할 수 있다. 부채비율은 사업의 성장기나 쇠퇴기에 따라 판단을 달리 할 수 있는데 사업이 급격히 성장하는 시기에는 일시적으로 부채가 증가할 수도 있다. 비록 사업 성장기라 할지라도 과도한 부채 비율을 보인다면 유동성 위기를 초래하므로 재무적 위험이 크다고 할 것이다.

정보공개서에 별첨 되어있는 재무상태표에서 유동부채 중 단기차입금의 규모가 과다하지 않은지 확인하고 전기와 당기 부채의 증감을 확인한다. 단기차입금은 1년 이내 상환해야 할 채무로 단기차입금이 부채 중 많은 비율을 차지한다면 부실한 가맹본부일 확률이 높다. 이러한 가맹본부의 재무위기는 가맹점 사업을 지속적으로 영위하는 데 큰 위험요소이므로 가맹본부가 단기차입금의 급격한 증가 등 부실한 상태에 놓여있지 않은지 반드시 확인하자. 이는 가맹본부의 위기는 가맹 브랜드의 신뢰도를 하락시키고 가맹점의 매출에 필연적으로 영향을 줄 수밖에 없기 때문이다(단, 사업이 급성장하는 과정에서 일시적으로 재무상태가 악화되는 경우도 있다. 이때 해당 가맹사업이 급성장 중인 사업인지 여부를 확인하여 종합적으로 판단하자).

: 사용을 허용하는 지식재산권 (중요도 ★★★)

상표(특허)가 등록 또는 출원되어 있는지 확인한다. 상표가 등록되어 있지 않고 출원신청만 한 경우에는 상표 등을 사용하는 권리가 관계법으로 보호받지 못한다. 간혹 상표가 등록되지 않은 경우 유사상표의 난립으로 사업에 심각한 위기를 맞이할 수 있다.

· 가맹본부의 가맹사업 현황
: 가맹점 및 직영점을 시작한 날 (중요도 ★★)

가맹본부가 가맹사업을 시작한 지 얼마나 오래되었는지, 또는 직영점을 운영해본 경험이 있는지를 확인하자.

: 바로 전 3년간 사업연도 말 영업 중인 가맹점 및 직영점의 총 수 (중요도 ★★★)

최근 3개년간 가맹점사업자 수가 늘어났는지 줄어들었는지 확인해보고 직영점을 몇 개 운영하고 있는지, 지역별 가맹점 수는 어떻게 되는지 확인한다. 더 나아가 가맹희망자가 개설을 희망하는 지역의 가맹점 수를 확인한다. 개설하려는 지역에 가맹점 수가 적다면 브랜드의 참신성으로 인해 기회일 수 있으나 한편으론 브랜드 인지도가 낮아 위험요소가 될 수 있다. 또한 개설희망 지역의 가맹점 수의 증감을 반드시 확인하고 가맹본부의 홈페이지를 통해 실제 운영되고 있는 가맹점의 숫자를 크로스체크하자.

지역	2017. 12. 31.			2018. 12. 31.			2019. 12. 31.		
	전체	가맹점 수	직영점 수	전체	가맹점 수	직영점 수	전체	가맹점 수	직영점 수
전체	54	50	4	56	54	4	68	64	4
서울	30	26	4	38	34	4	45	41	4
부산	10	10	0	11	11	0	13	13	0
…									

: 바로 전 3년간 가맹점 수 (중요도 ★★★★★)

최근 3년간 신규개점의 추세(증가세 또는 감소세)를 확인하고 가맹점사업자 변동 사유가 계약종료(계약만료), 계약해지(중도해지), 명의변경(양수도) 중 주로 어떠한 것인지 확인한다. 신규개점의 숫자보다 계약해지의 숫자가 많다면 해당 가맹사업이 정체 또는 하향세로 판단할 수 있다. 가맹계약 결정의 중요한 요소이니 반드시 확인하자.

연도	연초	신규 개점	계약 종료	계약 해지	명의 변경	연말
2017	50	5	1		2	54
2018	54	8	4	2		56
2019	56	14	1	1		68

: 바로 전 사업연도 가맹점사업자의 연간 평균 매출액(직영점 매출은 제외)과 그
산정기준 (중요도 ★★★★★)

가맹점의 연간 평균 매출액과 점포 면적 3.3㎡당 평균 매출액을 파악할
수 있다. 중요한 사항은 평균 매출액의 산정기준을 반드시 확인하여야
한다. 가맹점별 POS상의 매출액을 근거로 하여 기재한 것인지 물품 공급
액 등을 기준으로 추정한 것인지 그 근거를 기재하게 되어 있으므로 산
정기준을 반드시 확인하자. POS상의 매출액을 기재한 것이라면 어느 정
도 근거에 신뢰를 할 수 있으나 물품 공급액 등으로 추정한 매출액이라
면 신중하게 판단하여야 한다. 또한 가맹본부가 상담 시 제시한 예상매
출액 추정치와 어느 정도 비슷하게 나타나는지 반드시 크로스 체크해 보
아야 한다. 특히 가맹개설 희망 지역의 평균 매출액과 면적 3.3㎡당 평균
매출액을 참고하되 상한 매출액과 하한 매출액의 간격이 클 경우 평균의
오류에 빠질 수 있으므로 주의하자.

면적 3.3㎡당 평균 매출액은 점포의 면적에 대한 효율성을 나타내는 지
표이므로 가맹 희망 브랜드와 경쟁하는 여타 브랜드의 정보공개서를 반
드시 참고하여 해당 점포 운영의 효율성을 반드시 비교 추정해 보자.

한편 지역별로 가맹점 수가 5개 미만인 경우에는 기입 후 가맹점의 매
출이 노출될 수도 있기 때문에 기입하지 않아도 되므로 해당 지역이 표
기되지 않을 수도 있다.

가맹사업법 제9조 제3항·제4항 및 같은 법 시행령 제9조 제1항에 따라 매출액 추정에 사용한 자료는 가맹본부의 사무실에 비치하도록 하고 있으며 신청 시 열람이 가능하므로 매출 근거를 확인하는 것도 좋은 방법이다.

개설 희망 지역의 평균 매출액과 면적 3.3㎡당 매출액을 참고하여 예상 매출액을 추정해 보고 수익성을 판단해 보도록 한다.

단위: 천 원, 부가세 미포함

지역	2019년 말 가맹점 수	2019년 가맹점사업자의 연간 평균 매출액						비고
		연간 평균 매출액		연간 평균 매출액 (상한)		연간 평균 매출액 (하한)		
		연간 평균 매출액	면적 3.3㎡당	상한	면적 3.3㎡당	하한	면적 3.3㎡당	
전체	64	92,000	6,133	125,300	8,353	52,300	3,487	
서울	45	99,000	6,600	125,300	8,353	72,700	4,847	
부산	-	해당 없음						
….	-							

: 광고맹지역본부(지사, 지역총판)의 일반정보 (중요도 ★★★)

가맹희망자가 지사나 지역총판과 가맹계약을 상담하는 경우라면 이 부분을 통해서 그 지사나 지역총판이 가맹본부와 계약기간은 얼마나 되는지, 가맹점모집권한, 가맹계약체결권한, 가맹금 수령권한 등은 있는 지 반드시 확인한다.

: 광고 판촉 지출 내역 (중요도 ★★★★)

광고 판촉 비용으로 어느 정도 사용하고 있는지 횟수나 금액 등을 확인한다. 또한 가맹본부와 가맹점의 비용 부담액을 확인하여 가맹점의 부담이 과도하지는 않는지 판단해 본다.

: 가맹금 예치 (중요도 ★★★)

가맹금 예치제도란 가맹희망자나 가맹점사업자가 가맹본부에게 예치가맹금을 직접 지급하지 않고 은행, 우체국 등 금융기관에 잠시 예치함으로써, 가맹본부가 가맹계약 체결과정에서 가맹사업법 위반행위 등을 하였을 때 자신의 가맹금을 안전하게 돌려받을 수 있는 제도이다. 예외적으로 가맹본부가 보험회사 등과 가맹점사업자 피해 보상보험계약을 체결한 경우에는 가맹희망자나 가맹점사업자가 가맹본부에 예치가맹금을 직접 지급할 수 있는데 이는 가맹본부에 문제가 생겨 가맹희망자나 가맹점사업자가 피해를 입었을 때 보험회사가 가맹본부를 대신하여 그 피해를 보상해 주는 계약이다. 가맹금은 성격에 따라 여러 종류가 있는데 모든 가맹금이 예치대상이 되는 것은 아니며 다음 ① 또는 ②에 해당하는 대가이며 금전으로 지급되는 것을 말한다. ① 가맹사업법 제2조 제6호 가목에 규정된 가맹금-가입비, 입회비, 교육비 또는 계약금 등 가맹점사업자가 가맹점 운영권이나 영업활동에 대한 교육·지원을 받기 위하여 가맹본부에게 지급하는 대가 ② 가맹사업법 제2조 제6호 나목에서 규정된 가맹금- 가맹점사업자가 가맹본부로부터 공급받는 상품의 대금에 관한 채무액이나 손해배상액의 지급을 담보하기 위하여 보증금 성격으로 가맹본부에 지급하는 대가

가맹희망자는 예치대상이 되는 가맹금을 확인하고 가맹금 예치 방법을 숙지하여 해당 가맹금을 가맹본부에 직접 지급하지 않도록 한다(또는 가맹점사업자 피해 보상보험 가입 여부 확인).

가맹금 예치와 관련하여 가맹점사업자가 알아두어야 할 사항

1. 가맹점사업자가 영업을 시작하거나 가맹계약 체결일부터 2개월이 지난 경우에는 이 가맹예치금은 가맹본부에 지급됩니다.
2. 다만, 다음의 경우에는 가맹금의 지급이 보류됩니다.
가. 가맹점사업자가 예치가맹금을 반환받기 위하여 소를 제기한 경우
나. 가맹점사업자가 예치가맹금을 반환받기 위하여 알선, 조정, 중재 등을 신청한 경우
다. 가맹점사업자가 가맹금반환 사유가 발생하여 가맹본부를 공정거래위원회에 신고한 경우
3. 2번의 가~다의 조치를 취한 경우 그 사실을 예치 기관에 서면으로 통보하여야 합니다. 그렇지 않은 경우 예치가맹금은 가맹본부에 지급될 수 있습니다.

· 가맹본부와 그 임원의 법 위반 사실

: 공정거래위원회 또는 시 · 도 지사의 시정조치 등 (중요도 ★★★)

가맹본부가 가맹사업법 위반 등으로 공정위로부터 시정조치를 받은 사실이 있는지, 사기 횡령 배임 등으로 인하여 민사소송 패소 확정 판결과 형사 처벌을 받은 사실이 있는지 확인한다.

· 가맹점사업자의 부담

: 영업 개시 이전의 부담 (중요도 ★★★★★)

가맹점을 개설하기 위하여 가맹비, 교육비, 인테리어 비용 등 어떠한 비용을 어느 정도 부담하는지 확인한다. 가맹비는 크게 가맹점 개설 시 지급하는 최초가맹금과 계약이행보증금, 기타 비용 등 세 가지로 분류될 수 있는데 가맹본부마다 다르므로 어떤 성격으로 가맹비를 지급하는지 반드시 확인해야 한다.

가맹비, 교육비, 계약이행보증금 등 금액이 개설하려는 점포 규모에 비

해 과다하지 않은지 따져 보아야 한다. 인테리어 비용의 경우 가맹희망자가 자신이 직접 업체에 맡기기를 원하는 경우가 많은데, 이런 경우 3.3㎡당 20~40만 원 또는 정액으로 가맹본부에 지급해야 하는 별도의 감리비가 들어가고 시공 후 하자가 발생할 때에는 보수공사 및 하자담보에 더 많은 비용과 시간이 발생하는 경우도 있으므로 오히려 가맹본부에 맡기는 편이 나을 수 있다. 또한 대부분의 가맹본부는 별도 비용을 따로 빼서 부가적으로 명시하고 있는데 창업자들은 이 부분을 간과하고 가맹본부가 창업 비용을 부풀렸다고 오해하는 경우가 많다. 그러므로 개설 비용 이외 추가 비용을 꼼꼼하게 확인해야 한다. 별도 비용으로 책정되는 건 일반적으로 냉·난방기 철거, 가스 설비, 전기승압, 통신 설비, 소방시설 공사, 화장실 공사, 외부 상하수도 공사, 외장공사, 인허가 비용 등이다. 최근 가맹금에 대해 참고할 점은 기존에는 가맹본부들이 가입비, 물류 유통 이익, 인테리어 등에서 이익을 취하는 구조여서 가맹점의 매출과 상관없이 가맹금을 책정하였다면 최근에는 매출액이나 영업이익에서 일정 비율로 가맹금을 지급받는 소위 로열티 방식이 점점 늘어나는 추세이다. 가맹점의 매출액 증가에 따라 가맹본부의 매출도 증가하는 선순환 구조이기에 정부 당국에서도 로열티 기반 가맹금을 적극 권장하는 추세이다.

 가맹금은 가맹점 영업 개시 이후 가맹본부와의 분쟁의 대상이 될 수도 있으며 가맹본부의 가맹사업법 위반 시 또는 계약 종료 시 반환의 대상이 되는 가맹금이 있으므로 법률에 규정된 가맹금의 정의를 정확히 이해할 필요가 있다.

가맹사업법 제2조 제6호 및 시행령 제3조 내용

가맹금이란 명칭이나 지급 형태가 어떻든 간에 다음 각 목의 어느 하나에 해당하는 대가를 말한다.

구분	내용	예치대상
최초 가맹금	가. 가입비·입회비·가맹비·교육비 또는 계약금 등 가맹점사업자가 영업표지의 사용·허락 등 가맹점 운영권이나 영업활동에 대한 지원·교육 등을 받기 위하여 가맹본부에 지급하는 대가	해당
계약이행 보증금	나. 가맹점사업자가 가맹본부로부터 공급받는 상품의 대금 등에 관한 채무액이나 손해배상액의 지급을 담보하기 위하여 가맹본부에 지급하는 대가 [담보 제공 등 비금전 대가 포함]	해당(단, 담보 제공 등 비금전 대가 제외)
임차료, 물품 대금 등	다. 가맹점사업자가 가맹점 운영권을 부여받을 당시에 가맹사업을 착수하기 위하여 가맹본부로부터 공급받는 정착물·설비·상품의 가격 또는 부동산의 임차료 명목으로 가맹본부에 지급하는 대가	
정기적 비정기적 지급 대가 (로열티)	라. 가맹점사업자가 가맹본부와의 계약에 의하여 허락받은 영업표지의 사용과 영업활동 등에 관한 지원·교육, 그 밖의 사항에 대하여 가맹본부에 정기적 또는 비정기적으로 지급하는 대가로서 대통령령으로 정하는 것 [정액 또는 매출액·영업이익 등의 일정 비율로 가맹본부에 지급하는 대가] [적정한 도매가격을 넘는 차액가맹금 해당]	
기타	마. 그 밖에 가맹희망자나 가맹점사업자가 가맹점 운영권을 취득하거나 유지하기 위하여 가맹본부에 지급하는 모든 대가	

다만, 가맹본부에 귀속되지 아니하는 것으로서 대통령령으로 정하는 대가를 제외한다(신용카드 수수료, 상품권 수수료나 할인금, 적정 도매가격 등).

: 영업 중의 부담 (중요도 ★★★★★)

비용 부담 항목은 광고판촉 분담금, POS 사용료, 상표사용료, 교육 훈련비, 점포환경개선 비용 등 영업 개시 이후에도 정기적 또는 비정기적으로 부담해야 하는 비용에 관한 사항으로 향후 예상매출액에서 고정 비용이 발생하는 항목을 고려하여 영업이익이 얼마나 발생할 수 있을 지 산정해 본다. 이때 비정기적으로 발생하는 비용도 (향후 발생하는 시설교체비 등) 정기적 비용으로 환산 계산해야 정확한 비용을 산정할 수 있다. 당장 발생하는 정기적 비용 뿐만 아니라 향후 반드시 발생될 비용도 절대 간과하면 안된다.

구입 요구 품목 구입을 통한 가맹금 지급 항목은 가맹본부로부터 구입하는 필수 품목에 대해서 가맹본부가 가맹점사업자로부터 얻는 유통 이익을 나타낸 것으로 차액가맹금이라고 표기하며 가맹점당 평균 차액가맹금 지급금액이 과다하다면 향후 가맹점 운영에 분쟁의 여지가 있다고 판단할 수 있다. 그 이유는 가맹본부가 얻는 차액가맹금이 과도하다면 당연히 가맹점사업자가 자점매입하려는 경향이 생길 것이고 이로 인해 가맹본부와 분쟁의 여지도 발생할 수 있게 된다. 다만 차액가맹금의 금액과 비율은 추정하여 기재할 수 있고 실제 객관적 자료를 확인할 수 없기에 과연 신뢰할 수 있을지는 의문이다.

계약 종료 후의 부담 항목은 계약 종료 시 부담하여야 할 비용이나 영업적 제한 사항, 가맹점 운영 양도에 관한 사항에 기재되어 있으므로 반드시 꼼꼼히 체크하여 가맹점사업자에게 부당한 내용이 있는지 확인한다. 특히 가맹점 양도에 관한 기준을 지나치게 까다롭게 하여 양도가 어렵게 되어 있지 않은 지 확인한다.

· 영업활동에 대한 조건 및 제한

: 물품 구입 및 임차 (중요도 ★★★★)

가맹계약을 체결하게 되면 사업의 동일성 유지를 위하여 영업활동에 일부 제한을 받을 수 있다. 이로 인해 가맹사업을 경영하기 위하여 부동산·용역·설비·상품·메뉴별 공급받는 물품의 구입 또는 임차와 관련하여 가맹본부 또는 가맹본부가 지정하는 자와 거래하는 품목을 정보공개서를 통해 미리 공지하고 있다.

거래 품목은 가맹본부가 강제하는 품목과 권장하는 품목으로 나뉘어 있다. 강제하는 품목은 가맹본부가 가맹사업의 목적달성을 위하여 필요한 범위 내에서만 가능하도록 법으로 규정하고 있다. 가맹본부가 제시하는 강제 품목과 권장 품목을 살펴보고 가맹사업의 동일성과는 무관한 품목이 강제 품목에 많이 포함되어 있다면 가맹본부의 운영이 물류이익에만 치중되어 있는 것으로 추정할 수 있다. 가맹본부의 사업성이 물류이익에만 치중되어 있다면 가맹점사업자로서는 물품을 시중보다 비싸게 매입할 확률이 높게 되며 이로 인해 자점매입의 유혹을 느낄 수밖에 없는 구조가 된다. 이는 추후 분쟁의 소지가 될 가능성이 다분하여 가맹사업 본질에 집중하기 어렵게 된다. 또한 가맹본부의 물류이익 치중은 가맹점사업자로 하여금 과도한 부담을 주기도 하는데, 예를 들어 기존 가맹사업에서의 주요 메뉴를 벗어나서 무한정 메뉴를 늘리는 가맹본부가 있는데 소비자의 기호와는 상관없이 신메뉴 개발이라는 명목하에 많은 메뉴를 확장하여 실제 판매되지도 않는 제품의 재료를 가맹점사업자가 재고로 떠안게 되는 경우도 있다. 정리하자면 지나치게 많은 품목(사업 목적과 무관한)을 강제하는 가맹본부는 주의할 필요가 있다.

가맹사업법 시행령 관련 조문(별표2 제2호 구속조건부 거래 나목)

나. 거래상대방의 구속
부동산·용역·설비·상품·원재료 또는 부재료의 구입·판매 또는 임대차 등과 관련하여 부당하게 가맹점사업자에게 특정한 거래 상대방(가맹본부를 포함한다)과 거래할 것을 강제하는 행위

다만, 다음의 요건을 충족하는 경우에는 그러하지 아니하다.

(1) 부동산·용역·설비·상품·원재료 또는 부재료가 가맹사업을 경영하는 데에 필수적이라고 객관적으로 인정될 것

(2) 특정한 거래상대방과 거래하지 아니하는 경우에는 가맹본부의 상표권을 보호하고 상품 또는 용역의 동일성을 유지하기 어렵다는 사실이 객관적으로 인정될 것

(3) 가맹본부가 미리 정보공개서를 통하여 가맹점사업자에게 해당 사실을 알리고 가맹점사업자와 계약을 체결할 것

---

① 특수관계인의 경제적 이익 가맹본부 임원의 가족, 지인, 계열회사 등 지나치게 다수의 특수관계인과 독점적 거래를 하고 있다면 향후 품질, 가격 등의 문제가 발생할 수 있다. 아무래도 독점적 구조에서 문제는 발생할 확률이 높기 때문이다.

: 거래 강제 또는 권장의 대가 내역 (중요도 ★★★)

거래 강제 품목으로 과도한 이익을 수취하는 가맹본부라면 결국 가맹점사업자가 가맹사업을 종료하는 경우가 많으므로 주의해야할 가맹본부라 할 것이다.

: 상품·용역·거래상대방, 가격 결정 (중요도 ★★★)

① 가맹점사업자가 취급하는 상품·용역의 판매 제한 ② 거래상대방(고객)에 따른 상품·용역의 판매 제한 가맹점사업자의 영업활동을 제한하는 내용을 규정한 것으로 반드시 확인하여 추후 분쟁이 없도록 한다.

다. 가맹점사업자의 상품 또는 용역의 판매 제한

가맹점사업자에게 부당하게 지정된 상품 또는 용역만을 판매하도록 하거나 거래상대방에
따라 상품 또는 용역의 판매를 제한하는 행위

다만, 다음의 요건을 충족하는 경우에는 그러하지 아니하다.

(1) 가맹점사업자의 상품 또는 용역의 판매를 제한하지 아니하는 경우에는 가맹본부의 상
    표권을 보호하고 상품 또는 용역의 동일성을 유지하기 어렵다는 사실이 객관적으로
    인정될 것

(2) 가맹본부가 미리 정보공개서를 통하여 가맹점사업자에게 해당 사실을 알리고 가맹점
    사업자와 계약을 체결할 것

③ **가맹점사업자의 가격 결정의 제한** 가맹본부는 가맹점사업자가 판매
하는 상품이나 용역의 가격을 정하여 이에 따르도록 권장하고 있다. 이때
유의하여야 할 점은 가격에 따를 것을 권장하는 것이지 강제하는 것이
아니라는 점이다. 가맹점사업자는 해당 상권이 처한 상황이나 지역 특색
에 따라 가맹본부와 판매가격에 대해 서면으로 사전에 협의할 수 있다.

가. 가격의 구속

정당한 이유 없이 가맹점사업자가 판매하는 상품 또는 용역의 가격을 정하여 그 가격을
유지하도록 하거나 가맹점사업자가 상품 또는 용역의 가격을 결정하는 행위를 부당하게
구속하는 행위

다만, 다음의 어느 하나에 해당하는 행위는 제외한다.

(1) 판매가격을 정하여 가맹점사업자에게 이를 따르도록 권장하는 행위

(2) 가맹점사업자에게 판매가격을 결정하거나 변경하는 경우 그 내용에 관하여 사전에 협
    의하도록 하는 행위. 다만, 사전협의를 통해 판매가격을 강요하는 행위는 가격을 구속
    하는 행위로 본다.

: 가맹점사업자의 영업지역 보호 (중요도 ★★★★★)

① 독점적·배타적 영업지역 설정 가맹본부는 가맹사업법 제12조 4에 의거 가맹계약 체결 시 가맹점사업자의 영업지역을 설정하여 가맹계약서에 영업지역을 명시하고 있다. 여기서 영업지역이란 가맹본부 또는 가맹본부의 계열회사가 동일한 업종의 직영점 또는 가맹점을 명시된 영업지역에 추가 개설하지 않는다는 의미이지 영업의 독점 보장을 의미하는 것은 아니며 반대로 반드시 가맹점사업자가 해당 영업지역에서만 영업을 해야 한다는 의미도 아니다. 이를테면 인근에 개설된 다른 가맹점에서 배달 등을 통해 해당 영업지역에서 영업하는 행위나 해당 지역의 거래처가 다른 지역 가맹점과 거래하는 행위 등을 금지하는 독점 영업 보장을 의미하는 것은 아니다.

가맹사업법 제12조 4(부당한 영업지역 침해금지)

① 가맹본부는 가맹계약 체결 시 가맹점사업자의 영업지역을 설정하여 가맹계약서에 이를 기재하여야 한다.
② 가맹본부가 가맹계약 갱신 과정에서 상권의 급격한 변화 등 대통령령으로 정하는 사유가 발생하여 기존 영업지역을 변경하기 위해서는 가맹점사업자와 합의하여야 한다.
③ 가맹본부는 정당한 사유 없이 가맹계약 기간 중 가맹점사업자의 영업지역 안에서 가맹점사업자와 동일한 업종(수요층의 지역적·인적 범위, 취급 품목, 영업 형태 및 방식 등에 비추어 동일하다고 인식될 수 있을 정도의 업종을 말한다)의 자기 또는 계열회사(「독점규제 및 공정거래에 관한 법률」 제2조12호에 따른 계열회사를 말한다. 이하 같다)의 직영점이나 가맹점을 설치하는 행위를 하여서는 아니 된다.

② 영업지역 설정기준 영업지역 설정 기준이 적정한지 반드시 확인한다. 외식업의 경우 대부분 상권 인구 요인에 의해 매출에 영향을 받는바 영업지역 설정기준이 충분한 인구를 확보하는지 확인하여야 한다. 대부

분은 가맹점을 기준으로 반경 거리로 영업지역을 설정하게 되는데 주변의 세대 수나 상권 등을 조사하여 설정된 기준으로 충분히 고객을 확보할 수 있는지 반드시 확인하여야 한다. 특히 특수상권(백화점, 마트, 쇼핑몰, 지하상가, 대학, 전철역, 터미널, 공항, 경기장, 시장 등)의 경우 대부분 별도 기준을 설정하게 되므로 유의하자. 실제 가맹계약 시 상권의 규모나 특성을 고려하여 영업지역을 확대 또는 축소할 수 있으므로 반드시 가맹본부와의 충분한 협의를 통해 최대한 유리하게 영업지역을 설정하도록 한다.

설정 기준	설정 방법
점포를 중심으로 반경 500m당 1점포	가맹계약서 별지에 영업지역 표시 (지도 별첨을 원칙으로 함)

가맹사업법 시행령 관련 조문(별표2 제2호 구속조건부 거래 라목)

라. 영업지역의 준수강제

부당하게 가맹점사업자에게 영업지역을 준수하도록 조건을 붙이거나 이를 강제하는 행위

다만, 다음의 어느 하나에 해당하는 행위는 제외한다.

(1) 가맹본부가 가맹점사업자의 영업거점지역을 정하는 행위

(2) 가맹점사업자가 자기의 영업지역에서의 판매책임을 다한 경우에 영업지역 외의 다른 지역에서 판매할 수 있도록 하는 행위

(3) 가맹점사업자가 자기의 영업지역 외의 다른 지역에서 판매하고자 하는 경우 그 지역의 가맹점사업자에게 광고선전비 등 판촉 비용에 상당하는 일정한 보상금을 지불하도록 하는 행위

③ 가맹계약 갱신 과정에서 영업지역을 재조정할 수 있는 사유 및 절차 계약기간 중에는 법적으로 영업지역을 재조정하지 못하게 규정되어 있다. 다만 갱신 과정에서 영업지역을 재조정할 수 있는데 이 또한 법으로 규정한 사유가 있을 때만 가능하다.

가맹사업법 제12조의 4에 의거 가맹계약 갱신 시 다음과 같은 사유가 발생하는 경우 한해서 가맹점사업자와 합의를 통하여 기존 영업지역을 합리적으로 조정할 수 있다.

영업지역 재조정 사유

① 재건축, 재개발, 신도시 건설 등 대규모개발로 인하여 상권의 급격한 변동이 발생하는 경우
② 해당 상권의 거주인구 또는 유동인구가 현저히 변동되는 경우
③ 소비자의 기호 변화 등으로 인하여 해당 상품·용역에 대한 수요가 현저히 변동되는 경우
④ 위의 사유에 준하는 사유로 인하여 영업지역을 그대로 유지하는 것이 현저히 불합리하다고 인정되는 경우

④ 가맹점사업자가 취급하는 상품이나 용역 등이 가맹점사업자의 영업지역 내의 대리점 등 다른 유통채널을 통해 공급되는지 여부 가맹점 매출에 영향을 줄 수 있는 사안이므로 반드시 확인하자.

⑤ 가맹점사업자가 취급하는 상품이나 용역 등이 온라인, 홈쇼핑, 전화 권유 판매 등 다른 유통채널을 통해 공급되는지 여부 가맹본부가 해당 브랜드에서 취급하는 동일한 상품을 온라인이나 홈쇼핑 등 비대면 채널을 통해 판매하는 경우 시공간의 제약을 받지 않으므로 가맹점사업자로는 매출에 심대한 타격을 받을 수 있다. 또한 온라인이나 홈쇼핑 채널의 특성상 일반 매장보다 더 저렴한 가격에 공급되는 경우가 많아 더욱 심각할 수밖에 없다.

가맹본부에서 동일한 상품을 다른 채널을 통해 직접 판매하는지 반드시 확인하자. 다만 마케팅 차원에서 온라인과 홈쇼핑 채널의 판매가 가맹점과의 매출 시너지를 위해 진행되는 경우도 있으므로 이런 직접 판매

가 있다면 그 목적과 내용을 가맹본부로부터 확인하는 것이 필요하다.

: 가맹본부의 온라인 · 오프라인 판매에 관한 사항 (중요도 ★★★)

가맹본부의 매출액 중 온라인과 오프라인 매출액 비중을 확인하자. 매출액의 비중의 정도 어느 선이 적정한지는 판단하기 어려우나 당연히 오프라인 가맹점으로서는 오프라인 매출 비중이 높은 것이 유리할 것이며 더불어 오프라인 전용 상품의 비중이 높아야 가맹점 매출에 유리할 것은 당연할 것이다. 다만, 최근에는 온라인과 오프라인을 상호 연계하여 마케팅 하는 경우도 많으니 가맹본부에 세부 내용을 확인해 보는 것이 바람직하다.

: 계약 기간, 계약의 갱신·연장·종료·해지·수정 (중요도 ★★★)

① 가맹계약 및 갱신 기간 가맹계약 기간과 갱신 기간을 확인한다. 가맹본부와 계약된 기간과는 별개로 법률에 규정된 사항을 알고 있자. 가맹사업법 제13조 및 같은 법 시행령 제14조에 따라 가맹계약의 갱신을 요구할 수 있는 권리가 최초 계약일로부터 10년간 주어진다.

가맹본부는 가맹점사업자가 가맹계약 기간 만료 전 180일부터 90일까지 사이 가맹계약의 갱신을 요구하는 경우 정당한 사유 없이 이를 거절하지 못한다. 주의할 것은 계약갱신요구권 행사는 계약 기간 만료 전 180일부터 90일까지 사이에 가맹본부에 도달하여야 하며 그 행사 방법에는 제한이 없으므로 서면이나 구두에 의하여 가능하다.

② 계약 연장이나 재계약, 또는 계약 종료에 필요한 절차 절차적으로 특별한 사항이 있는지 확인하자.

③ **계약 갱신 거절**(종료) **사유** 가맹사업법 제13조 및 같은 법 시행령 제14조에 따라 가맹계약의 갱신을 가맹본부가 거절할 수 있는 사유가 규정되어 있다. 반드시 확인하여 갱신 거절되는 사유에 해당되지 않도록 해야 한다.

갱신 요구 거절 사유	관련 계약 조문
가맹계약상의 가맹금 등의 지급 의무를 지키지 아니한 경우	O조 O항
다른 가맹점사업자에게 통상적으로 적용되는 계약조건이나 영업방침을 귀하가 수락하지 아니한 경우	O조 O항
가맹점 운영에 필요한 점포·설비의 확보나 법령상 필요한 자격·면허·허가의 취득을 하지 못한 경우	O조 O항
판매하는 상품이나 용역의 품질을 유지하기 위하여 필요한 제조공법 또는 서비스기법을 지키지 않은 경우	O조 O항
경영에 필수적인 지식재산권을 보호하기 위한 방침을 지키지 않은 경우	O조 O항
정기적으로 실시하는 교육·훈련을 준수하지 않은 경우(다만, 교육·훈련 비용이 같은 업종의 다른 가맹본부가 통상적으로 요구하는 비용보다 뚜렷하게 높은 경우는 제외합니다.)	O조 O항

④ **계약 해지 사유 및 그 절차** 계약해지 사유로 특별히 부당한 사항은 없는지 확인한다. 가맹사업법 제14조와 같은 법 시행령 제15조에 따라 가맹본부가 가맹계약을 해지하려는 경우에는 가맹점사업자에게 서면으로 2개월 이상의 유예 기간을 두고 계약의 위반 사실 및 이를 시정하지 않을 경우 계약을 해지한다는 사실을 2회 이상 통지하여야 하며 이러한 절차를 거치지 않은 계약해지는 무효가 된다.

계약 해지 사유	관련 계약조문

가맹점사업자가 3개월 동안 3회 이상 원·부재료 등에 관한 대금 등의 지급 의무를 지체하는 경우	제 OO조
가맹점사업자가 2회 이상 정기납입경비의 지급을 연체하는 경우	
가맹점사업자가 정기납입경비의 산정을 위한 총 매출액 또는 매출액 증가 비율을 3회 이상 허위로 통지하는 경우	
가맹본부의 위생관리기준을 포함한 품질관리기준을 3회 이상 위반하는 경우	
가맹점사업자가 가맹본부와의 협의 없이 점포 운영을 7일 이상 방치하는 경우	
가맹점사업자가 가맹본부와 약정한 판매촉진활동을 이행하지 않는 경우	
가맹점사업자가 정당한 사유 없이 노후 점포 설비의 교체·보수 요청에 따르지 않는 경우	
가맹점사업자가 가맹본부로부터 본 계약상의 의무위반을 지적받고 30일 이내에 시정조치를 취하지 않는 경우	

다만, 가맹사업법 시행령 제15조의 계약해지 사유에 해당되는 아래의 경우에는 2개월 이상의 2회 이상의 서면통지 없이 계약서에 따른 절차를 거쳐 계약이 해지될 수 있으므로 주의하여야 한다.

즉시 계약 해지 사유	관련 계약 조문
가맹점사업자에게 파산 신청이 있거나 강제집행절차 또는 회생절차가 개시된 경우	O조 O항
가맹점사업자가 발행한 어음·수표가 부도 등으로 지급정지된 경우	O조 O항
천재지변, 중대한 일신상의 사유 등으로 가맹점사업자가 더 이상 가맹사업을 경영할 수 없게 된 경우	O조 O항
가맹점사업자가 가맹점 운영과 관련되는 법령을 위반하여 다음 각 목의 어느 하나에 해당하는 행정처분을 받거나 법원 판결을 받음으로써 가맹본부의 명성이나 신용을 뚜렷이 훼손하여 가맹사업에 중대한 장애를 초래한 경우 가. 위법사실을 시정하라는 내용의 행정처분 나. 위법사실을 처분 사유로 하는 과징금·과태료 등 부과처분 다. 위법사실을 처분 사유로 하는 영업정지 명령	O조 O항

가맹점사업자가 가맹점 운영과 관련되는 법령을 위반하여 자격·면허·허가 취소 또는 영업정지 명령(15일 이내의 영업정지 명령을 받은 경우는 제외한다) 등 그 시정이 불가능한 성격의 행정처분을 받은 경우. 다만, 법령에 근거하여 행정처분을 갈음하는 과징금 등의 부과 처분을 받은 경우는 제외한다.	O조 O항
가맹점사업자가 법 제14조 제1항 본문에 따른 가맹본부의 시정 요구에 따라 위반사항을 시정한 날부터 1년(계약 갱신이나 재계약된 경우에는 종전 계약 기간에 속한 기간을 합산한다) 이내에 다시 같은 사항을 위반하는 경우. 다만, 가맹본부가 시정을 요구하는 서면에 다시 같은 사항을 1년 이내에 위반하는 경우에는 법 제14조 제1항의 절차를 거치지 아니하고 가맹계약이 해지될 수 있다는 사실을 누락한 경우는 제외한다.	O조 O항
가맹점사업자가 가맹점 운영과 관련된 행위로 형사처벌을 받은 경우	O조 O항
가맹점사업자가 뚜렷이 공중의 건강이나 안전에 급박한 위해를 일으킬 염려가 있는 방법이나 형태로 가맹점을 운영하고 있으나, 행정청의 시정조치를 기다리기 어려운 경우	O조 O항
가맹점사업자가 정당한 사유 없이 연속하여 7일 이상 영업을 중단한 경우	O조 O항

: 가맹점 운영권의 환매·양도·상속 및 대리 행사 (중요도 ★★★★)

① 가맹점운영권의 양도 가맹점사업자가 계약 기간 중에 운영권을 양도·양수계약을 통해 다른 사람에게 넘기는 경우에 해당하며 가맹본부의 승인 조건을 확인한다. 가맹본부에서 승인 조건을 지나치게 까다롭게 설정하는 경우 불공정거래행위에 해당할 수 있으므로 조건이 양도가 불리하게 설정되어 있지는 않은지 확인한다.

: 경업금지, 영업시간 제한, 가맹본부의 영업장 관리·감독 (중요도 ★★★★)

① 경업금지의 범위 가맹본부는 계약 기간 또는 계약종료 후 일정 기간 가맹점사업자가 가맹본부와 동일한 업종의 영업을 하는 행위를 금지하고 있다. 경업금지 되는 업종과 경업금지 지역, 경업금지 기간 등을 확인한다.

경업금지의 범위를 동일 업종이 아니라 유사한 업종까지 확대하는 것은 약관규제법상 무효가 되며 경업금지 기간을 지나치게 장기간 설정한다든지 경업금지 지역을 지나치게 광범위하게 설정하는 경우 무효가 될 수도 있으므로 참고로 알아두자.

② 영업시간 및 영업일 수 제한 가맹본부는 영업시간 및 영업일 수를 제한할 수 있다. 제한 내용을 확인하여 운영 가능한 조건인지 확인한다. 가맹사업법 시행령 제15조 제10호에 따라 가맹점사업자가 정당한 사유 없이 연속하여 7일 이상 영업을 중단한 경우 가맹계약 해지가 될 수 있으므로 주의하여야 한다. 또한 가맹사업법 제12조의 3에 의거 오전 0시 또는 1시부터 오전 6시까지의 매출이 영업에 소요되는 비용에 비하여 저조하여 3개월간 영업손실이 발생하거나, 질병의 발생과 치료 등 불가피한 사유가 발생하는 경우 가맹본부에 영업시간 단축을 요청할 수 있으며 영업시간을 조정해야 할 경우에는 사전에 가맹본부에 통지하여야 한다.

가맹사업법 제12조 3(부당한 영업시간 구속 금지)

① 가맹본부는 정상적인 거래관행에 비추어 부당하게 가맹점사업자의 영업시간을 구속하는 행위(이하 "부당한 영업시간 구속"이라 한다)를 하여서는 아니 된다.

② 다음 각 호의 어느 하나에 해당하는 가맹본부의 행위는 부당한 영업시간 구속으로 본다.

1. 가맹점사업자의 점포가 위치한 상권의 특성 등의 사유로 대통령령으로 정하는 심야 영업시간대의 매출이 그 영업에 소요되는 비용에 비하여 저조하여 대통령령으로 정하는 일정한 기간 영업손실이 발생함에 따라 가맹점사업자가 영업시간 단축을 요구함에도 이를 허용하지 아니하는 행위

2. 가맹점사업자가 질병의 발병과 치료 등 불가피한 사유로 인하여 필요 최소한의 범위에서 영업시간의 단축을 요구함에도 이를 허용하지 아니하는 행위

: 광고 및 판촉 활동 (중요도 ★★★)

① 가맹본부와 가맹점사업자의 비용 분담 기준 광고 및 판촉 활동에 소요되는 비용의 분담 기준을 확인한다. 가맹본부가 가맹점사업자에게 지나치게 분담하게 하지는 않는지 확인한다. 정보공개서 작성 시 가맹점부담 비율을 제시할 경우에는 광고에 따른 예상 이익 등을 고려해서 광고비의 산출근거를 명확하게 제시하여야 하며 특히 가맹점의 월 매출액 대비 일정 비율을 광고비로 부담시키는 경우에는 가맹점 매출을 구체적으로 산정하는 기준을 제시하도록 규정되어 있으므로 이 기준에 맞추어 세부사항이 기재되어 있는지 확인한다. 또한 광고의 성격도 상품광고인지 가맹점 모집광고인지 등을 구분하여 기재하게 되어 있으므로 가맹점모집광고비를 가맹점에 부담시키지는 않는지도 반드시 따져봐야 한다.

가맹사업법 제12조의 6(광고·판촉 행사의 실시 및 집행 내역 통보)

---

① 가맹본부는 가맹점사업자가 비용의 전부 또는 일부를 부담하는 광고나 판촉 행사를 실시하려는 경우(가맹본부 및 가맹점사업자가 대통령령으로 정하는 바에 따라 체결한 광고·판촉행사의 약정에 따라 실시하는 경우는 제외한다) 그 비용 부담에 관하여 전체 가맹점사업자 중 대통령령으로 정하는 비율 이상의 가맹점사업자의 동의를 받아야 한다. 다만, 판촉행사의 경우에는 해당 판촉행사의 비용 부담에 동의한 가맹점사업자만을 대상으로 하여 이를 실시할 수 있다.
② 가맹본부는 가맹점사업자가 비용의 전부 또는 일부를 부담하는 광고나 판촉행사를 실시한 경우 그 집행 내역을 가맹점사업자에게 통보하고 가맹점사업자의 요구가 있는 경우 이를 열람할 수 있도록 하여야 한다.
③ 제1항에 따른 가맹사업자의 동의 및 제2항에 따른 집행 내역 통보 · 열람의 방법·절차 등에 관하여 필요한사항은 대통령령으로 정한다

· 가맹사업의 영업 개시에 관한 상세한 절차와 소요 기간

: 상담·협의 과정에서부터 가맹점 영업 시작까지 필요한 절차 요약 (중요도 ★★★)

상담에서부터 계약까지의 절차를 확인하여 소요 기간을 산정하여 영업 개시 일정을 관리한다. 가맹점을 개설·운영하기 위하여 관련 행정기관으로부터 인허가받아야 할 사항이 있는지, 그 인허가 요건이 충족되었는지를 사전에 확인한다.

: 가맹본부와의 분쟁 해결 절차 (중요도 ★★★)

가맹본부와의 분쟁 시 대화와 협상으로 해결되지 아니할 경우 가맹사업법 제22조에 따라 한국공정거래조정원의 가맹사업거래분쟁조정협의회 또는 시·도의 분쟁조종협의회에 조정을 신청하거나 다른 법령에 의해 설치된 중재기관에 중재를 신청할 수 있다.

· 가맹본부의 경영 및 영업활동 등에 대한 지원

: 점포환경개선 시 비용 지원 내역 (중요도 ★★★★)

과거 점포환경개선 명목으로 가맹본부가 가맹점사업자에게 인테리어 공사를 정기적으로 요구하는 경우가 많아 사회적으로 큰 문제가 되었었다. 이러한 문제 때문에 법으로 점포환경개선 사유와 비용의 분담 기준을 엄격하게 규정하였다. 가맹본부는 가맹사업법 제12조의 2 및 시행령 제13조의 2 규정에 의거 다음의 사유가 발생하는 경우에 한하여 점포환경개선을 실시를 요구할 수 있으며, 가맹점사업자의 점포환경개선에 소요되는 비용의 일부를 분담하여야 한다. 법에 규정된 분담 비율과 구체적 절차는 아래와 같다.

점포 환경 개선 사유	· 점포의 시설, 장비, 인테리어 등의 노후화가 객관적으로 인정되는 경우 · 위생이나 안전의 결함으로 인하여 가맹사업의 통일성을 유지하기 어렵거나 정상적인 영업에 현저한 지장을 주는 경우
가맹본부 부담 비용 항목	· 간판교체 비용 · 인테리어 공사 비용(장비·집기의 교체 비용을 제외한 실내건축공사에 소요되는 일체의 비용. 단, 가맹사업의 통일성과 무관하게 가맹점사업자가 추가 공사를 실시함에 따라 소요되는 비용은 제외)
가맹본부 부담 비용 비율	· 점포의 확장 또는 이전을 수반하지 않는 점포환경개선: 20% · 점포의 확장 또는 이전을 수반하는 점포환경개선: 40%
지급 절차	· 가맹점사업자의 비용 청구(공사계약서 등 공사 비용을 증빙할 수 있는 서류 첨부) → 90일 이내에 가맹본부 부담액을 가맹점사업자에게 지급 (단, 가맹본부와 가맹점사업자 간 별도의 합의가 있는 경우 1년의 범위 내에서 분할지급 가능) · 가맹점사업자가 가맹본부 또는 가맹본부가 지정한 자를 통하여 점포환경개선을 한 경우에는 점포환경개선이 끝난 날부터 90일 이내에 가맹본부 부담액을 지급 · 분할지급 시 절차 : 가맹점사업자의 비용 청구(공사계약서 등 공사 비용을 증빙할 수 있는 서류 첨부) → 3차에 걸쳐 가맹본부 부담액을 분할 지급(1차: 청구일로부터 90일 이내, 총 부담액의 30%, 2차: 1차 지급일로부터 60일 이내, 총 부담액의 30%, 3차: 2차 지급일로부터 60일 이내, 총 부담액의 40%)
비용 부담 제외 사유	점포환경개선일로부터 3년 이내에 가맹본부의 책임 없는 사유로 계약이 종료(계약의 해지·영업 양도 포함)되는 경우 가맹본부 부담액 중 잔여기간에 비례하는 부담액은 지급하지 아니하거나 이미 지급한 경우에는 환수 가능

: 판매촉진 행사 시 인력 지원 등 내역 (중요도 ★★)

판촉 행사 시 지원 내용을 확인하고 구체적 실행 계획을 수립한다.

· **교육·훈련에 대한 설명**

: 교육·훈련의 주요내용 (중요도 ★★★★)

교육 훈련의 내용을 확인하고 형식적인 내용에 국한되지 않는지 확인하다. 또한 지속적인 교육이 이루어지는지도 확인하며 그 비용이 과도하지는 않은지 확인한다. 실제 영업 개시 이후에는 영업활동으로 인해 교육 훈련을 받기가 어려운 게 사실이나 신메뉴나 새로운 서비스, 새로운 마케팅 트렌드, 광고 판촉 기업 등 실제 교육 훈련이 매출 증가로 이어지는 경우가 많으므로 반드시 지속적인 교육 훈련이 가능한지 커리큘럼은 알차게 구성되어 있는지를 확인한다. 교육의 내용을 확인하고 가급적 참가하도록 한다.

· 가맹본부의 직영점 운영 현황

가맹사업을 하려는 가맹본부는 정보공개서를 반드시 등록하여야 하는데 정보공개서에 기재된 가맹사업과 영업표지가 동일하고 같은 품질기준이나 영업방식에 따라 상품이나 용역을 판매하는 직영점이 없거나, 그 운영기간이 1년 미만인 경우 정보공개서 등록이 거부 당할 수 있다. 과거 실제 운영 경험도 없는 가맹본부가 과장광고 등으로 무분별하게 가맹점 모집을 하고 관리나 운영이 제대로 되지 않아 많은 가맹점사업자가 피해를 본 사례가 많았다. 이와 같은 문제를 예방하기 위해 실제 직영점 운영 경험이 있는 가맹본부나 허가·면허를 받아야하는 등 직영점 운영이 불필요하다고 인정되는 경우에만 정보공개서 등록을 할 수 있도록 기준이 강화되었다. 정보공개서에 기재된 가맹본부의 직영점 운영 현황을 통해서 직영점을 직접 방문하여 운영하는 상황을 살펴보거나, 직영점의 평균 운영기간과 매출액을 반드시 확인하여 가맹본부의 얼굴이라 할 수 있는 직영점이 실제 충분한 성과를 내고 있는지 확인하도록 하자.

이상과 같이 정보공개서의 구성과 반드시 확인하여야 할 내용을 살펴보았다. 정보공개서는 가맹본부가 가맹희망자에게 제공하는 최소한의 정보이다. 가맹본부 입장에서는 알리고 싶지 않은 정보이기도 하다. 가맹희망자 입장에서는 장미 빛 미래가 보장되는 희망적인 이야기를 듣고 싶을 것이다. 하지만 정보공개서를 통해 제시된 정보를 객관적으로 바라보고 현실을 냉철하게 판단하기 위해 노력해야 한다. 창업으로 대박의 꿈을 꾸는 가맹희망자에게는 가맹본부가 제시하는 희망적인 정보에 귀를 기울일 수 밖에 없고 확증편향을 가지는 게 일반적이다. 그러나 성공 창업이 희망만으로 되는 것은 아니기에 최소한 데이터에 기반한 정보공개서를 검토하고 분석하여 창업의 위험을 조금이라도 줄여 나가는 것이 바람직하다. 다시한번 강조하자면 가맹계약에 이르기 전에 반드시 정보공개서를 충분히 검토하고 의문사항은 반드시 가맹본부에 확인하자.

철저하게 준비하여 시행착오를 줄이고 성공 창업에 이르기를 기대해 본다.

5
가맹계약서 작성하기

가맹계약서 취지

가맹계약서는 정보공개서와 마찬가지로 가맹계약 체결(가맹금 수령) 최소 14일 이전에 가맹희망자에게 제공하도록 규정되어 있다. 가맹계약 전에 정보공개서와 가맹계약서를 제공하게 제도화한 것은 사전에 충분히 검토하게 하여 예비창업자를 보호하려는 데 목적이 있다.

가맹계약서의 주요내용이 정보공개서에도 동일하게 기재하게 되는데 만약 정보공개서와 가맹계약서의 내용이 다르다면 허위·과장 정보제공 및 기만적 정보제공 행위가 될 수 있다.

정보공개서는 공정거래위원회에서 고시하는 표준양식에 따라 작성하는데 정보공개서에 필요한 내용이 없거나 기재된 가맹사업의 내용이 다른 법률에서 금지하고 있는 사항이 포함되어 있으면 등록 심사과정에서 수정보완을 요구받거나 등록이 거부된다. 따라서 등록된 정보공개서는 형식적인 면에서 법률 검토를 거친 것으로 판단할 수 있다(내용 면에서 사실인지 여부는 다른 문제이다). 그러나 가맹계약서는 정보공개서 등록 시 같이 첨부하도록 되어 있긴 하지만 별도로 심사하지 않기 때문에 법률 검토를 거쳤다고 볼 수 없다. 현실적으로 각 가맹본부마다 또는 각 브랜드마다 다른 가맹계약서에서 법률에 위배되는 사항이 있는지 여부를 공정거래위원회에서 판단하여 등록 심사하기는 어렵다. 그렇기에 정보공개서와 가맹계약서의 주요 내용이 일치하는지 반드시 비교 검토해 보아야 한다.

가맹계약서는 가맹본부와 가맹점사업자의 권리와 의무를 명확히 하여 서로 간의 분쟁을 미리 차단하는 데 목적이 있다.

대형 가맹본부의 경우 대부분 법률적 검토를 거친 가맹계약서를 사용하는데 이는 가맹계약서의 내용이 관계법령에 위배되는 사항이 있는지 또는 가맹본부가 법률적으로 불리한 조항은 없는지 검토하는 것으로, 반대로 가맹점사업자의 입장에서 알기 어려운 불리한 조항이 있을 수도 있다는 의미이기도 하다. 대형 가맹본부가 아닌 영세한 가맹본부의 경우 미처 법률검토를 거치지 않은 가맹계약서를 사용하기도 하는데 현행 법률에 위배되는 내용과 가맹본부에 일방적으로 유리한 조건을 담은 조항이 기재되어 있기도 하다. 따라서 가맹계약서는 법률 효과를 발생하기에 문구 하나하나 신중하게 검토하여야 한다. 가맹본부가 어련히 알아서 하겠지 하고 내용을 확인하지 않은 채 사인만 하게 되면 만약 분쟁사항이 생길 경우 큰 손해가 발생하기도 한다.

가맹희망자가 가맹본부와 가맹계약을 체결한 이후 가맹계약을 해지하려고 하면, 해지에 따른 위약금 등 손해가 발생할 수 있으니 반드시 가맹계약 체결 전에 꼼꼼하게 살펴보아야 하며 법률적 지식이 부족하다면 변호사나 가맹거래사의 자문을 받는 것도 좋은 방법이다.

가맹계약서 기재 내용

가맹사업법 제11조의 2항에서는 가맹계약서의 필수기재사항을 규정하고 있다.

『가맹사업법』 제11조 제2항

② 가맹계약서는 다음 각 호의 사항을 포함하여야 한다. [개정 2007.8.3, 2018.10.16] [[시행일 2019.1.1]]

1. 영업표지의 사용권 부여에 관한 사항
2. 가맹점사업자의 영업활동 조건에 관한 사항
3. 가맹점사업자에 대한 교육·훈련, 경영지도에 관한 사항
4. 가맹금 등의 지급에 관한 사항
5. 영업지역의 설정에 관한 사항
6. 계약 기간에 관한 사항
7. 영업의 양도에 관한 사항
8. 계약해지의 사유에 관한 사항
9. 가맹희망자 또는 가맹점사업자가 가맹계약을 체결한 날부터 2개월(가맹점사업자가 2개월 이전에 가맹사업을 개시하는 경우에는 가맹사업개시일)까지의 기간 동안 예치가맹금을 예치기관에 예치하여야 한다는 사항. 다만, 가맹본부가 제15조의 2에 따른 가맹점사업자피해보상보험계약 등을 체결한 경우에는 그에 관한 사항으로 한다.
10. 가맹희망자가 정보공개서에 대하여 변호사 또는 제27조에 따른 가맹거래사의 자문을 받은 경우 이에 관한 사항
11. 가맹본부 또는 가맹본부 임원의 위법행위 또는 가맹사업의 명성이나 신용을 훼손하는 등 사회상규에 반하는 행위로 인하여 가맹점사업자에게 발생한 손해에 대한 배상의무에 관한 사항
12. 그 밖에 가맹사업당사자의 권리·의무에 관한 사항으로서 대통령령이 정하는 사항

『가맹사업법』 제11조 제2항의 12 "대통령령이 정하는 사항"

법 제11조 제2항 제12호에서 "대통령령이 정하는 사항"이란 다음 각 호의 어느 하나에 해당하는 사항을 말한다. [개정 2003.6.13, 2008.1.31, 2010.10.13, 2018.12.18] [[시행일 2019.1.1]]

1. 가맹금 등 금전의 반환조건에 관한 사항

2. 가맹점사업자의 영업설비·집기 등의 설치와 유지·보수 및 그 비용의 부담에 관한 사항

3. 가맹계약의 종료 및 해지에 따른 조치 사항

4. 가맹본부가 가맹계약의 갱신을 거절할 수 있는 정당한 사유에 관한 사항

5. 가맹본부의 영업비밀에 관한 사항

6. 가맹계약 위반으로 인한 손해배상에 관한 사항

7. 가맹본부와 가맹점사업자 사이의 분쟁 해결 절차에 관한 사항

8. 가맹본부가 다른 사업자에게 가맹사업을 양도하는 경우에는 종전 가맹점사업자와의 계약에 관한 사항

9. 가맹본부의 지식재산권 유효기간 만료 시 조치에 관한 사항

가맹계약서 주요 검토 사항

가맹계약서는 업종에 따라 또는 각 가맹본부에 따라 그 내용이 다를 수밖에 없는데, 앞서 정보공개서 검토를 통해 법적으로 반드시 지켜야 하는 부분은 살펴보았으므로 여기서는 실제 가맹계약서에서 불공정한 조항으로 자주 문제가 되는 부분을 간략히 짚어보겠다. 사실 법으로 규정된 가맹계약 절차는 해석의 여지 없이 규정된 절차에 맞게 시행하면 되기에 법의 해석이 크게 필요치 않으나 가맹계약서상의 불공정한 조항이란 일반인이 상식적인 판단할 수 있는 게 아니라 법률의 해석과 판단이 필요한 부분이므로 가맹계약서를 검토할 때 바로 판단하기 어려운 게 현실이다. 다만 주로 분쟁의 대상이 되는 부분을 참고하여 가맹계약서 검토할 때 상식적으로도 지나치게 불리한 조항이라고 느껴진다면 가맹계약에 좀 더 신중을 기할 필요가 있다.

먼저 가맹계약서에서 주로 문제가 되는 사항을 보면 가맹계약 갱신 절차가 규정되어 있음에도 불구하고 가맹계약 갱신을 가맹본부가 일방적

으로 결정할 수 있도록 하는 행위, 영업지역 설정에서 특수지역을 설정하여(백화점, 전철역, 지하상가, 대학가 등의 특수상권과 유사한 개념으로) 동일 지역에 가맹점을 개설할 수 있도록 규정하는 행위, 점포의 인테리어를 직접 시공할 때 가맹본부의 감리비를 자의적으로 지나치게 높게 책정하여 사실상 직접 시공이 불가하도록 하는 행위, 가맹점주에게만 과도한 위약금을 설정하는 행위, 매매대금 등 연체 시 지연이자율을 지나치게 높게 설정하는 행위 등 다양한 사항들이 있다.

가맹계약서는 약관법상 불특정 다수와의 계약에 이용되는 서류로써 약관에 해당되어 상대방에게 일방적으로 불리할 경우 조항자체가 무효가 될 수 있으며 또한 가맹사업법 제12조에서는 불공정거래행위의 금지를 규정하고 있다. 이에 더해 가맹사업법 제12조 제5호에서는 계약의 목적과 내용, 발생할 손해 등 대통령령으로 정하는 기준에 비하여 과중한 위약금을 부과하는 등 가맹점사업자에게 부당하게 손해배상 의무를 부담시키는 행위를 금지하고 있다.

부당한 손해배상의무 부과행위는 크게 3가지로 구분되는데 ① 과중한 위약금 설정·부과행위 ② 소비자 피해에 대한 손해배상의무 전가행위 ③ 그 밖의 부당한 손해배상의무 부과행위로 나눌 수 있다. 실제 가맹계약서를 보면 가맹점사업자의 특정행위에 대한 위약금과 위약벌 규정을 쉽게 찾아볼 수 있다. 위약금과 위약벌의 과중함의 정도는 법원의 판단을 받아보아야 할 사안이지만 가맹계약서에 지불하는 가맹금이나 예상매출액보다 현저히 과도한 위약금이나 위약벌 규정이 있다면 차후 분쟁의 소지가 다분하므로 가맹계약에 신중을 기해야 한다.

가맹사업법 시행령 관련 조문(별표2 제3호 거래상 지위의 남용)

3. 거래상 지위의 남용

법 제12조 제1항 제3호에 해당하는 행위의 유형 및 기준은 다음 각 목의 어느 하나와 같다. 다만, 다음 각 목의 어느 하나에 해당하는 행위를 허용하지 아니하는 경우 가맹본부의 상표권을 보호하고 상품 또는 용역의 동일성을 유지하기 어렵다는 사실이 객관적으로 인정되는 경우로서 해당 사실에 관하여 가맹본부가 미리 정보공개서를 통하여 가맹점사업자에게 알리고 가맹점사업자와 계약을 체결하는 경우에는 그러하지 아니하다.

가. 구입강제: 가맹점사업자에게 가맹사업의 경영과 무관하거나 그 경영에 필요한 양을 넘는 시설·설비·상품·용역·원재료 또는 부재료 등을 구입 또는 임차하도록 강제하는 행위

나. 부당한 강요: 부당하게 경제적 이익을 제공하도록 강요하거나 가맹점사업자에게 비용을 부담하도록 강요하는 행위

다. 부당한 계약조항의 설정 또는 변경: 가맹점사업자가 이행하기 곤란하거나 가맹점사업자에게 불리한 계약조항을 설정 또는 변경하거나 계약 갱신 과정에서 종전의 거래조건 또는 다른 가맹점사업자의 거래조건보다 뚜렷하게 불리한 조건으로 계약조건을 설정 또는 변경하는 행위

라. 경영의 간섭: 정당한 이유 없이 특정인과 가맹점을 같이 운영하도록 강요하는 행위

마. 판매목표 강제: 부당하게 판매 목표를 설정하고 가맹점사업자로 하여금 이를 달성하도록 강제하는 행위

바. 불이익 제공: 가목부터 마목까지의 행위에 준하는 경우로서 가맹점사업자에게 부당하게 불이익을 주는 행위

가맹사업법 시행령 관련 조문(별표2 제3호 거래상 지위의 남용)

4. 부당한 손해배상의무 부과행위

법 제12조 제1항 제5호에 해당하는 행위의 유형 및 기준은 다음 각 목의 어느 하나와 같다.

가. 과중한 위약금 설정·부과행위

1) 계약 중도해지 시 과중한 위약금 설정·부과 행위

계약해지의 경위 및 거래당사자 간 귀책사유 정도, 잔여계약 기간의 정도, 중도해지 후 가맹본부가 후속 가맹점사업자와 계약을 체결하기 위하여 통상 소요될 것으로 예상되는 기간에 상당하는 손해액 등에 비추어 부당하게 과중한 위약금을 설정하여 계약을 체결하거나 이를 부과하는 행위

2) 과중한 지연손해금 설정·부과행위

상품 또는 용역에 대한 대금지급의 지연 시 지연경위, 정상적인 거래관행 등에 비추어 과중한 지연손해금을 설정하여 계약을 체결하거나 이를 부과하는 행위

나. 소비자 피해에 대한 손해배상의무 전가행위

가맹본부가 가맹점사업자에게 공급한 물품의 원시적 하자 등으로 인하여 소비자 피해가 발생한 경우까지도 부당하게 가맹점사업자가 손해배상의무를 모두 부담하도록 계약을 체결하는 행위

이상과 같이 가맹계약서에서 문제가 되는 사항을 살펴보았다. 다시 한 번 강조하고 싶은 점은 가맹계약서 내용은 반드시 꼼꼼하게 살펴보고 본인이 이해가 가지 않는 사항이 있다면 가맹본부에 문의해서 정확하게 이해할 수 있도록 하자. 또한 가맹계약서의 내용이 불리하다 생각되면 수정 및 보완을 요구할 수 있다.

가맹계약서에 최종적으로 사인하기까지 지나칠 정도로 확인 또 확인하길 바란다.

공정거래위원회 프랜차이즈 표준가맹계약서

공정거래위원회에서는 가맹본부와 가맹점사업자 간에 공정한 계약을 위해 치킨, 피자, 커피, 기타 외식업, 도소매, 편의점, 교육서비스업종 등의 표준가맹계약서를 제시하고 있다. 물론 이와 같은 표준가맹계약서를 그대로 사용하는 가맹본부는 많지 않을 것이다. 그 이유는 각 가맹본부마다 조건이나 처한 환경이 저마다 다를 수밖에 없고, 사실 공정거래위원회의 표준가맹계약서는 상대적 약자인 가맹점사업자를 보호하는 데 그 취지가 있기 때문일 것이다. 법에서 정한 바대로 계약서에 명문화하

는 것은 가맹본부 입장에서는 부담스러울 수밖에 없을 것이며 감추고 싶은 진실이 될 것이다.

하지만 여기에서 현실에선 잘 사용하지 않는 공정거래위원회 표준가맹계약서를 제시하는 이유는 표준계약서의 내용이 법에 정한 내용을 그대로 담고 있기 때문이다. 실제 가맹본부로부터 수령한 가맹계약서와 공정거래위원회 표준가맹계약서를 서로 비교해 봄으로써 가맹계약서가 가맹점사업자에게 불리하게 되어 있지는 않은지 검토해 보아야 한다. 다만 법에서 정한 규정이 계약서에 표기되어 있지 않다고 하여도 이러한 규정은 반드시 지켜야 하는 강행규정이고 위반 시 처벌이 가능하며 법의 보호를 받을 수 있다.

공정거래위원회 표준가맹계약서*와 실제 수령한 가맹계약서와 반드시 동일하지는 않겠지만 표준계약서에 반하는 내용이 있다면 다시 한번 숙고하고 의미가 명확치 않다면 전문가의 도움을 받는 것이 유리하다.

* 공정거래위원회 가맹사업거래 사이트(https://franchise.ftc.go.kr/)에서 다운 가능하다.

저자

• **김원섭**

가맹거래사

㈜카젠 총괄이사

전)한국유통과학연구회 위원

전)엔터비즈 대표

PART Ⅴ

상가를 구하다

A는 창업을 앞두고 상가를 구하기 위해 동분서주하고 있다. 부동산전문가의 말만 믿고 계약을 하는 것이 좋은지, 상권분석을 전문적으로 하는 컨설팅업체에 의뢰해야 할지 고민이다.

창업을 할 때 상가를 구하는 문제는 너무나 중요하다. 창업자 본인이 직접 상권조사를 하면 제일 좋겠지만 시간 등 여러 제약조건으로 부동산전문가나 때로는 컨설팅회사의 도움을 받는 것이 필요할 수 있다. 하지만 이와 같은 경우에도 창업자 본인이 직접 상권분석과정에 참여하여 살펴보는 것이 꼭 필요하다. 상권은 살아 움직이며 변화하는 특성이 있다. 그래서 현장조사가 필요한 것이라는 점을 명심하자.

가맹계약을 마친 김창대 씨는 어디에서 창업을 할지, 다시 말해 어디에 상가를 얻을지 고민이다. 지금 살고 있는 아파트 근처가 좋을지, 회사가 많이 모여 있는 오피스 지역이 나을지, 아니면 요즘 뜨고 있는 지역이 더 좋을지 고민이다. 다행히 가맹본부에서 희망지역을 알려주면 상가 입지에 대해서는 자문을 해준다고 했는데 어느 지역을 알아볼지부터 고민이 되는 것이다. 그리고 상가임대차 계약을 할 때에도 유의할 점이 없는지 전문가를 만나 상담을 하기로 했다. 이번에는 민 가맹거래사로부터 상가를 구하고 계약하는 문제에 대해 자문을 받기로 했다.

민 가맹거래사는 김창대 씨에게 상권과 입지의 차이점, 빅데이터를 이용한 상권분석방법, 임대차 계약과 인테리어공사와 관련하여 유의할 점, 임차인이 꼭 알아야 할 상가건물임대차보호법과 소상공인을 위한 각종 지원 사업에 대해 설명해 주었다.

1
숲을 먼저 보자

넓은 시야를 가지라는 의미로 숲을 먼저 보고 나무를 보라는 말이 있다. 상가를 구할 때도 마찬가지다. 뜨는 상권이 있으면 지는 상권이 있는 법이다. 아무리 입지가 좋아도 지는 상권이라면? 생각만 해도 아찔하지 않은가. 보통 상권이라고 하면 상업상의 세력이 미치는 범위를 말한다. 예를 들면, 신촌상권, 홍대상권, 강남상권 등 지역을 중심으로 분류하기도 하고 상권의 특성에 따라 발달상권, 골목상권, 전통시장상권, 번화가상권, 오피스상권, 역세권상권, 대학가상권, 학원가상권, 아파트단지상권, 일반주택가상권 등으로 분류하기도 한다. 입지는 상권보다는 좁은 의미로 점포가 소재하고 있는 위치조건을 말한다고 보면 된다.

숲에 해당하는 상권에 대해 먼저 알아보자. 우선 내가 하려는 업종과 아이템이 상권의 특성과 잘 맞는지가 중요하다. 예를 들어, 화장품숍이나 주얼리숍의 경우라면 상점이 밀집되어 있는 발달상권이나 번화가상권이, 디저트카페라면 젊은 층의 유동인구가 상대적으로 많은 대학가상권 또는 번화가상권 등이 후보지가 될 수 있을 것이다. 후보상권이 정해지면 상가의 구조와 규모, 접근성과 가시성, 교통환경, 주변점포 조사 등을 통해 입지를 분석하여 상가를 최종적으로 정하게 된다.

그렇다면, 상권조사는 어떻게 시작할까? 상권조사방법은 다양하다. 처음부터 발로 뛰어다니며 조사하는 방법도 있겠지만 다양한 정보를 활용해서 후보상권을 압축한 다음 후보상권을 방문하여 조사하는 방법이 있다. 인공지능의 시대에 걸맞게 빅데이터를 활용하여 후보상권을 압축해보자.

2
빅데이터를 이용하자

4차 산업혁명시대에 살고 있는 우리는 다양한 빅데이터를 활용할 수 있다. 우선, 통계청에서 제공하는 통계지리정보서비스(SGIS)가 있다. 여기에서는 각종 인구, 주택종류, 사업체종류 등을 통한 상권정보를 얻을 수 있다. 그리고 소상공인들의 창업을 돕기 위해 소상공인시장진흥공단에서 만든 상권정보 시스템, 서울시와 경기도에서 만든 상권분석서비스 등이 있다. 각 시스템마다 특징이 있으니 하나씩 살펴보기로 하자.

우선, 통계지리정보서비스 활용해보도록 하자. 통계지리서비스는 우리나라 전국에 대한 정보를 얻을 수 있고, 관심분야를 선택하여 내가 원하는 통계지리정보를 간편하게 얻을 수 있다. 예를 들면, 업종통계지도, 내가 살고 싶은 동네, 일자리맵까지도 간편하게 볼 수 있다. 만약, 서울에서 유아들과 부모들이 같이 즐길 수 있는 키즈카페 창업을 계획하고 있다면, 우선 통계지리정보서비스를 활용해서 유동인구, 상주인구, 연령별, 성별, 소비수준, 점포 수, 배후지 세대 수, 교통망, 도로조건 등을 확인해서 시뮬레이션을 해볼 수 있다.

구체적은 방법은 통계지리정보서비스 웹사이트에 가서 활용서비스 〉
업종통계지도 〉 생활업종 〉 조건별지역찾기 〉 관심지표에서 조건을 선택하
여 들어가면 결과를 볼 수 있다.

예를 들어, 관심지표선택에서 거주인구, 연령(10세 이하), 가구유형(1세
대), 주택유형(아파트)을 선택해보니 후보지역으로 송파구, 강서구, 노원구
가 나왔다. 서울에서 거주인구, 10세 이하 인구와 1세대가구가 많고 아파
트가 많은 지역이 송파구, 강서구, 노원구라는 결과가 나온 것이다.

이번에는 서울시에서 만든 서울시우리마을가게상권분석서비스를 이
용해보자. 서울시에서 제공하는 서비스이니 당연히 서울에 있는 상권에
대한 정보를 찾을 때 유용하며 특히 골목상권까지 제공하는 점이 특징이
라 할 것이다.

서울시 노원구에서 까페창업을 계획하고 있다면 서울시우리마을가게
상권분석서비스웹싸이트에 가서 예비창업자를 위한 나도곧사장코너를
선택한 후 업종선택-외식업(커피음료)-지역선택(노원구)로 들어가면 점포
수, 매출, 유동인구, 주거인구에 대한 정보를 확인할 수 있다. 선택된 상

권내의 카페(커피음료)점포수현황, 점포수의 증가추이, 3년생존율, 평균영업기간, 점포당월평균매출액, 성별, 연령별, 요일별, 시간대별 각 유동인구, 지역의 소비트랜드와 임대시세까지 해당지역의 자세한 상권분석리포트를 확인할 수 있다.

　다음으로, 소상공인시장진흥공단상권정보시스템(이하 '상권정보시스템'라 함)을 활용해보자. 소상공인을 위한 지원업무를 수행하는 공단에서 제공하는 서비스답게 소상공인들의 창업자가진단부터 지역과 업종을 입력하면 상권분석, 경쟁분석, 경영컨설팅, 매출예측등의 분석정보를 조회할 수 있다는 장점이 있다. 예를 들어, 분식점 아이템으로 경기도 성남시의 판교상권을 알아보도록 하겠다. 상권정보분석으로 가서 지역과 업종을 선택하면 아래와 같은 상권분석보고서가 나온다

마지막으로, 경기도상권영향분석서비스(이하 '상권분석서비스'라 함)를 이용해보자. 경기도지역의 상권분석뿐만 아니라 예비창업자들에게 맞춤형 컨설팅코너를 통해 업종과 지역을 입력하면 입지문석, 투자수익율과 손익분기점, 소비트랜드에 관한 정보제공뿐만 아니라 입지추천까지 제공하고 있다. 경기도 가 지역별 창업온도와 경기지역 상권분석은물론이고 경기도시장상권진흥원에서 도내 소상공인들에게 제공하는 각종 정보도 확인할 수 있어 유용하다.

예를들어, 경기상권분석코너로 들어가 망포역6번출구쪽 발달상권에서 한식일반음식점의 상권보고서를 선택해보았다. 상권분석보고서에는 이 지역에 대해 '선택업종의 신생기업생존율(3년 기준)이 경기도 평균과 비교하여 높습니다. 해당상권은 경기도의 다른 상권보다 생존율이 높은 상권입니다.' '선택상권의 한식 일반 음식점업은 평일에 가장 고객이 많습니다. 평일(금) 고객이 중요한 상권이므로 고정 고객 확보에 유의 하세요.' '선택상권은 남성고객이 많은 상권입니다. 남성 고객의 방문에 도움이 되는 요소에 보다 많은 투자를 고려하세요.'등 이 지역에 대한 업종분석, 인구분석, 소비분석, 지역분석까지 자세한 분석정보를 얻을 수 있었다.

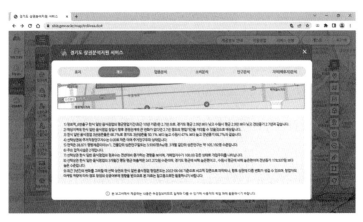

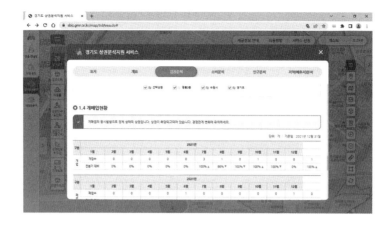

이와 같이, 후보상권지를 찾아볼 때는 먼저 빅데이터를 이용해 보도록
하자. 데이터를 통해 후보상권지가 압축되었다 하더라도 살아 움직이는
상권을 직접 방문하여 현장조사를 하는 것은 필수라는 점 기억하도록 하
자. 현장조사를 통해 데이터조사의 내용을 검증해보고 상권을 정하도록
하자.

자, 이렇게 대략 후보상권지가 정해졌다면 이번에는 구체적인 입지조
사가 필요하다. 다시 말해, 후보상권지 내에서 상가의 위치를 정해야 한

다. 입지를 정할 때는 우선 상가와 내가 하려는 업종이 잘 맞는지 확인해야 한다. 상권은 좋은데 안되는 업종이 있는 이유가 바로 여기에 있다. 구체적으로, 상가의 종류와 용도가 내가 하려는 업종과 맞는지, 상가 내 위치는 어떤지, 권리금은 있는지, 주차여건은 양호한지, 월 관리비는 어느 정도인지, 상가내부구조의 활용도가 좋은지, 상가전체의 입주 업종은 어떤 것이 있고 상가의 공실률은 괜찮은지, 상가의 접근성과 가시싱이 좋은지, 예를 들면, 상가를 가리고 있는 가로수나 화단 등이 없는지, 상가접근을 방해하는 것이 없는지 등을 확인해야 한다.

빅데이터를 활용하더라도 상권과 입지를 정할 때는 반드시 해당지역과 상가를 여러 차례, 다양한 시간대에, 혼자 또는 도움을 줄 수 있는 사람과 같이 방문하여 현장을 면밀히 조사하는 노력이 필요하다.

상권분석 사이트

통계청 통계지리정보서비스	sgis.kostat.go.kr
소상공인시장진흥공단 상권정보 시스템	sg.sbiz.or.kr
서울시 우리마을가게 상권분석서비스	golmok.seoul.go.kr
경기도 상권영향분석서비스	sbiz.gmr.or.kr

3
상가 계약에 앞서 확인 또 확인하자

이제 후보상가가 좁혀졌다. 계약에 앞서 확인해야 할 것들은 어떤 것이 있을까? 우선, 상가의 용도를 확인해야 할 것이다. 용도확인은 건축물대장을 통해 확인한다. 건축물대장은 정부24 사이트에 가면 인터넷으로 무료로 열람과 발급이 가능하다.

건축물대장을 통해 건물의 용도와 면적을 확인했다면, 그 다음에는 부동산등기부등본을 확인하여 상가소유자와 상가에 근저당권 등 임대차보증금회수를 위한 문제는 없는지 등을 확인해야 한다. 부동산등기부등본에 근저당권 등 소유권을 제한하는 권리가 없다고 하더라도 상가가 집합건물이 아니라 일반건물이라면 현재 영업 중인 임차인들의 보증금을 확인해야 한다. 예를 들어 4층 규모의 상가인 경우, 부동산등기부상의 을구(소유권 이외의 권리에 대한 사항을 기재하는 부분)에 별도의 등기가 없다고 하더라도 등기부에는 보이지 않지만 상가건물임대차보호법상 우선변제권이 있는 임차인들이 있다는 점을 알아두자. 통상 사업자등록과 확정일자만 받아도 임차인으로서 대항력과 우선변제권이 있기 때문에 등기부상으로는 나타나지 않을 가능성이 높다. 그렇다면, 각층 상가

임차인들의 임대차보증금확인은 어떻게 할 수 있을까. 이 부분은 임대인의 협조를 받아서 임대인에게 직접 임대차 계약서 등을 통해 확인받거나 임대인의 협조를 받아 관할세무서에서 열람하면 된다.

아래는 일반건물의 부동산등기부의 샘플이다.

등기사항전부증명서(말소사항 포함)
-건물-

[건물] 경기도 성남시 중원구 00동 99997

【표제부】 (건물의 표시)

표시번호	접수	소재지번 및 건물번호	건물내역	등기원인 및 기타사항
1	1996년 10월 12일	경기도 성남시 중원구 00동 99997	철근콘크리트조 슬라브집 근린생활시설 1층 95.70㎡, 2층 95.70㎡, 3층 95.70㎡, 4층 95.70㎡, 지층 111.37㎡	부동산등기법제177조의 6제1항의 규정에 의하여 2000년 10월 12일 전산이기

【갑구】 (소유권에 관한 사항)

순위번호	등기목적	접수	등기원인	권리자 및 기타사항
1	소유권보존	1999년 8월 00일 제12345호		소유자 이OO 000000-******* 경기도 성남시 중원구 ***
2	소유권이전	2012년 8월 00일 제12345호	2012년 8월 00일 매매	소유자 최OO 000000-******* 경기도 성남시 중원구 ***
2	가압류	2016년 7월 00일 제54321호	2016년 7월 00일 수원지방법원의 가압류결정 (2016카단00000)	청구금액 금 50,000,000원 채권자 한OO 000000-******* 서울특별시 강남구 테헤란로 애플빌라 1호

【을구】 (소유권 이외의 권리에 관한 사항)

순위번호	등기목적	접수	등기원인	권리자 및 기타사항
1	근저당권 설정	2012년 8월 00일 제12346호	2012년 8월 00일 설정계약	채권최고액 금 120,000,000원 채무자 최OO 성남시 중원구 *** 근저당권자 00은행

-이하 없음-

Tip 1 부동산등기부는 3부분으로 되어 있다. 부동산의 표시부분이 있는 표제부(주소), 소유권에 관한 권리사항이 기재되어 있는 갑구(현재 소유자가 누구인지, 소유권을 제한하는 가압류, 가처분, 가등기, 압류 등)와 소유권 이외의 권리에 관한 사항이 기재되어 있는 을구(근저당권, 전세권, 임차권 등)가 있다.

Tip 2 위와 같이, 갑구에 가압류가 있다면? 계약을 해도 될까? → 계약 이전에 가압류가 말소되는 것이 제일 좋겠고 아니라면 계약 여부를 신중히 생각하자.

Tip 3 을구에 근저당권이 있네요? → 현재 부동산의 시세의 60~70% 정도에서 근저당권의 채권최고액을 뺀 금액으로 내 보증금이 충당되겠는지 확인해보고 충당이 어렵겠다는 판단이라면 계약 여부를 신중히 생각하자.

이렇게, 건축물대장상 상가의 면적과 용도가 업종에 적합한지 확인하고 부동산등기부를 통해 권리분석을 한 후에도 현장확인은 필수이며 업종에 따라 꼼꼼하게 추가로 챙겨야 할 부분이 있다는 점도 알아두자. 예를 들면, 외식업의 경우에는 전기용량과 증설가능 여부, 정화조 용량 등을 확인해야 하며 PC방, 게임장 등 교육청 심사가 필요한 업종의 경우는 학교와의 거리도 확인할 필요가 있다.

4
임대차 계약서는 꼼꼼히 체크하자

이제 상가임대차 계약을 체결할 순간이 왔다. 임대차 계약 시에는 무엇보다 당사자확인이 중요하다. 부동산등기부등본상의 소유자인지 확인하고, 당사자가 아닌 대리인이 계약 체결을 위해 나온 경우에도 대리인만 확인하지 말고 당사자 본인확인이 꼭 필요하다는 점 명심하자. 계약서 작성 시에는 계약 당사자, 상가의 소재지와 호수, 임대차보증금과 월 임대료, 월 임대료 지급시기와 방법 등 계약의 기본 내용 이외에도 특이한 사항은 반드시 특약의 내용으로 기재하는 것이 향후 분쟁예방에 필요하다. 예를 들어, 원상회복에 관한 사항에 관해서는 구체적으로 기재하는 것이 좋다. 기존사업장을 인테리어 그대로 인수한 경우와 벽과 바닥만 있는 사업장인 경우는 원상회복의 내용이 다를 수밖에 없다. 보통 임대차 계약은 공인중개사사무실에서 작성하고 임차인에게 내용확인 후 서명날인을 하는 것이 통상이다. 보통 상가건물의 표시가 제대로 되었는지, 보증금과 차임정도만 확인하고 날인을 하는 경우가 대부분이지만 나중에 임대차에 관해 분쟁이 생겼을 경우 특약부분이 미흡하거나 발목을 잡는 경우가 많다. 법무부에서 만든 상가건물임대차표준계약서를 보면 계약 시 챙겨야 할 부분이 머릿속에 정리될 것이다.

상가건물 임대차 표준계약서(법무부)

임대인(이름 또는 법인명 기재)과 임차인(이름 또는 법인명 기재)은 아래와 같이 임대차 계약을 체결한다.

【임차 상가건물의 표시】

소재지				
토지	지목		면적	㎡
건물	구조·용도		면적	㎡
임차할 부분			면적	㎡

유의사항: 임차할 부분을 특정하기 위해서 도면을 첨부하는 것이 좋습니다.

【계약내용】

제1조(보증금과 차임) 위 상가건물의 임대차에 관하여 임대인과 임차인은 합의에 의하여 보증금 및 차임을 아래와 같이 지급하기로 한다.

보증금	금	원정(₩)	
계약금	금	원정(₩)은 계약시에 지급하고 수령함. 수령인	(인)
중도금	금	원정(₩)은 년 월 일에 지급하며	
잔금	금	원정(₩)은 년 월 일에 지급한다.	
차임(월세)	금 (입금계좌:	원정(₩)은 매월 일에 지급한다. 부가세 □ 불포함 □ 포함)	
환산보증금	금	원정(₩)	

유의사항: ①당해 계약이 환산보증금을 초과하는 임대차인 경우 확정일자를 부여받을 수 없고, 전세권 등을 설정할 수 있습니다. ②보증금 보호를 위해 등기사항증명서, 미납국세, 상가건물 확정일자 현황 등을 확인하는 것이 좋습니다.
※ 미납국세 · 선순위확정일자 현황은 임대인의 동의를 받아 임차인이 관할 세무서에서 확인 가능

제2조(임대차 기간)   임대인은 임차 상가건물을 임대차 목적대로 사용·수익할 수 있는 상태로 ____년 __월 __일까지 임차인에게 인도하고, 임대차 기간은 인도일로부터 ____년 __월 __일까지로 한다.

제3조(임차목적)   임차인은 임차 상가건물을 (업종)을 위한 용도로 사용한다.

제4조(사용·관리·수선) ① 임차인은 임대인의 동의 없이 임차 상가건물의 구조·용도 변경 및 전대나 임차권 양도를 할 수 없다. ② 임대인은 계약 존속 중 임차 상가건물을 사용·수익에 필요한 상태로 유지하여야 하고, 임차인은 임대인이 임차 상가건물의 보존에 필요한 행위를 하는 때 이를 거절하지 못한다. ③ 임차인이 임대인의 부담에 속하는 수선 비용을 지출한 때에는 임대인에게 그 상환을 청구할 수 있다.

제5조(계약의 해제) 임차인이 임대인에게 중도금(중도금이 없을 때는 잔금)을 지급하기 전까지, 임대인은 계약금의 배액을 상환하고, 임차인은 계약금을 포기하고 계약을 해제할 수 있다.

제6조(채무불이행과 손해배상) 당사자 일방이 채무를 이행하지 아니하는 때에는 상대방은 상당한 기간을 정하여 그 이행을 최고하고 계약을 해제할 수 있으며, 그로 인한 손해배상을 청구할 수 있다. 다만, 채무자가 미리 이행하지 아니할 의사를 표시한 경우의 계약해제는 최고를 필요로 하지 아니한다.

제7조(계약의 해지) ① 임차인은 본인의 과실 없이 임차 상가건물의 일부가 멸실 기타 사유로 인하여 임대차의 목적대로 사용, 수익할 수 없는 때에는 임차인은 그 부분의 비율에 의한 차임의 감액을 청구할 수 있다. 이 경우에 그 잔존 부분만으로 임차의 목적을 달성할 수 없는 때에는 임차인은 계약을 해지할 수 있다. ② 임대인은 임차인이 3기의 차임액에 달하도록 차임을 연체하거나, 제4조 제1항을 위반한 경우 계약을 해지할 수 있다.

제8조(계약의 종료와 권리금회수기회 보호) ① 계약이 종료된 경우에 임차인은 임차 상가건물을 원상회복하여 임대인에게 반환하고, 이와 동시에 임대인은 보증금을 임차인에게 반환하여야 한다. ② 임대인은 임대차 기간이 끝나기 6개월 전부터 임대차 종료 시까지 「상가건물임대차보호법」 제10조의 4 제1항 각 호의 어느 하나에 해당하는 행위를 함으로써 권리금 계약에 따라 임차인이 주선한 신규임차인이 되려는 자로부터 권리금을 지급받는 것을 방해하여서는 아니 된다. 다만, 「상가건물임대차보호법」 제10조 제1항 각 호의 어느 하나에 해당하는 사유가 있는 경우에는 그러하지 아니하다. ③ 임대인이 제2항을 위반하여 임차인에게 손해를 발생하게 한 때에는 그 손해를 배상할 책임이 있다. 이 경우 그 손해배상액은 신규임차인이 임차인에게 지급하기로 한 권리금과 임대차 종료 당시의 권리금 중 낮은 금액을 넘지 못한다. ④임차인은 임대인에게 신규임차인이 되려는 자의 보증금 및 차임을 지급할 자력 또는 그 밖에 임차인으로서의 의무를 이행할 의사 및 능력에 관하여 자신이 알고 있는 정보를 제공하여야 한다.

제9조(재건축 등 계획과 갱신 거절) 임대인이 계약 체결 당시 공사시기 및 소요 기간 등을 포함한 철거 또는 재건축 계획을 임차인에게 구체적으로 고지하고 그 계획에 따르는 경우, 임대인은 임차인이 상가건물임대차보호법 제10조 제1항 제7호에 따라 계약 갱신을 요구하더라도 계약 갱신의 요구를 거절할 수 있다.

제10조(비용의 정산) ① 임차인은 계약이 종료된 경우 공과금과 관리비를 정산하여야 한다. ② 임차인은 이미 납부한 관리비 중 장기수선충당금을 소유자에게 반환 청구할 수 있다. 다만, 임차 상가건물에 관한 장기수선충당금을 정산하는 주체가 소유자가 아닌 경우에는 그 자에게 청구할 수 있다.

제11조(중개보수 등) 중개보수는 거래 가액의 _____%인 _____원(부가세 ☐ 불포함 ☐ 포함)으로 임대인과 임차인이 각각 부담한다. 다만, 개업공인중개사의 고의 또는 과실로 인하여 중개의뢰인 간의 거래행위가 무효·취소 또는 해제된 경우에는 그러하지 아니하다.

제12조(중개대상물 확인·설명서 교부) 개업공인중개사는 중개대상물 확인·설명서를 작성하고 업무보증관계증서(공제증서 등) 사본을 첨부하여 임대인과 임차인에게 각각 교부한다.

【특약사항】
① 입주 전 수리 및 개량, ② 임대차 기간 중 수리 및 개량, ③ 임차 상가건물 인테리어, ④ 관리비의 지급 주체, 시기 및 범위, ⑤ 귀책사유 있는 채무불이행 시 손해배상액 예정 등에 관하여 임대인과 임차인은 특약할 수 있습니다.

본 계약을 증명하기 위하여 계약 당사자가 이의 없음을 확인하고 각각 서명·날인 후 임대인, 임차인, 개업공인중개사는 매 장마다 간인하여, 각각 1통씩 보관한다.

임대인					
주소			전화		서명 또는 날인
주민등록번호 (법인등록번호)			성명 (회사명)		
대리인	주소				
	주민등록번호				
	성명				

임차인					
주소			전화		서명 또는 날인
주민등록번호 (법인등록번호)			성명 (회사명)		
대리인	주소				
	주민등록번호				
	성명				

개업공인중개사					
사무소 소재지			사무소 소재지		
사무소 명칭			사무소 명칭		
대표		서명 및 날인	대표		서명 및 날인
등록번호			등록번호		
전화			전화		
소속 공인중개사		서명 및 날인	소속 공인중개사		서명 및 날인

5
임차인에게 힘이 되는
상가건물임대차보호법

가끔 임차인들과 상담하면서 "아는 것이 힘이다."라는 속담이 생각날 때가 많다. 상가건물임대차보호법을 아는 만큼 상가임차인이 여러 가지 어려운 상황에 대처할 힘이 생긴다. 상가건물임대차보호법은 영세상인의 임차권을 보호하고 국민의 경제생활의 안정을 위한 법이다. 따라서, 상가건물임대차보호법에 위반된 내용으로 임대차 계약을 했다 할지라도 임차인에게 불리한 것은 효력이 없다고 규정하고 있다. 임차인에게 힘이 되는 상가건물임대차보호법(이하 '상가임대차법'이라 함)의 주요내용을 살펴보자.

적용 범위

상가임대차법의 적용 대상은 보증금을 기준으로 서울특별시는 9억, 과밀억제권역과 부산광역시는 6.9억, 부산을 제외한 광역시와 세종특별자치시, 파주시, 화성시, 안산시, 용인시, 김포시 및 광주시는 5.4억, 그 밖의 지역은 3억7천만 원까지만 적용된다. 보증금 외에 차임이 있는 경우 환산방법은 차임에 100을 곱한 후 보증금을 더하면 된다. 예를 들어, 보증금 1억 원, 월 차임 200만 원인 경우 환산보증금은 1억 원+2억 원(200만 원x100)으로 3억 원이 되는 것이다.

하지만, 대항력, 계약갱신요구권의 일부, 권리금, 차임 연체와 해지규정은 보증금액에 관계없이 모든 상가건물임대차에 적용된다는 점도 알아두자.

대항력과 우선변제권

임차인은 건물을 인도받고 사업자등록을 하면 그 다음 날부터 제3자에게 임차권을 주장할 수 있고 세무서에서 확정일자를 받으면 건물이 경매나 공매에 넘어가더라도 후순위권리자나 그 밖의 채권자보다 우선하여 보증금을 변제받을 권리가 있다. 따라서, 상가임차인은 상가입주 시 세무서에 가서 사업자등록을 하고 확정일자도 받아야 대항력과 우선변제권을 얻는다.

환산보증금을 초과하는 임차인의 경우에는 확정일자만으로는 보호받지 못하므로 전세권 또는 임차권등기를 하여야 한다.

임차인의 계약갱신요구권

임차인은 임대차 기간이 만료되기 6개월 전부터 1개월 전까지 사이에 계약 갱신을 요구할 수 있고 이때 정당한 사유가 없는 한 임대인은 거절하지 못한다. 이러한 갱신요구권은 최초의 임대차 기간을 포함하여 전체 임대차 기간이 10년을 초과하지 아니하는 범위에서만 행사할 수 있다.

이때, 갱신되는 임대차는 전 임대차와 동일한 조건으로 다시 계약된 것으로 보고, 차임과 보증금은 청구 당시 차임 또는 보증금의 5% 내에서만 올릴 수 있다. 따라서, 임차인은 계약 만기일 전 6개월에서 1개월 사이에 임대인에게 계약 갱신을 요구할 수 있고 임대인 입장에서 이를 거절할 정당한 사유가 없다면 계약은 전 임대차와 동일한 조건으로 갱신된다. 이때, 임대인은 차임 또는 보증금을 5% 범위 내에서 인상할 수 있다.

환산보증금을 초과하는 임차인의 경우에는 5% 제한의 적용을 받지 않는다. 따라서, 임차인은 계약갱신요구권을 행사할 수 있지만 차임 또는 보증금 인상액은 5% 이상이 될 수도 있다.

그렇다면, 임대인이 임차인의 계약 갱신 요구를 거절할 수 있는 사유는 무엇일까?

상가임대차법 제10조 제1항

1. 임차인이 3기의 차임액에 해당하는 금액에 이르도록 차임을 연체한 사실이 있는 경우
2. 임차인이 거짓이나 그 밖의 부정한 방법으로 임차한 경우
3. 서로 합의하여 임대인이 임차인에게 상당한 보상을 제공한 경우
4. 임차인이 임대인의 동의 없이 목적 건물의 전부 또는 일부를 전대(轉貸)한 경우
5. 임차인이 임차한 건물의 전부 또는 일부를 고의나 중대한 과실로 파손한 경우
6. 임차한 건물의 전부 또는 일부가 멸실되어 임대차의 목적을 달성하지 못할 경우
7. 임대인이 다음 각 목의 어느 하나에 해당하는 사유로 목적 건물의 전부 또는 대부분을 철거하거나 재건축하기 위하여 목적 건물의 점유를 회복할 필요가 있는 경우
가. 임대차 계약 체결 당시 공사시기 및 소요 기간 등을 포함한 철거 또는 재건축 계획을 임차인에게 구체적으로 고지하고 그 계획에 따르는 경우
나. 건물이 노후·훼손 또는 일부 멸실되는 등 안전사고의 우려가 있는 경우
다. 다른 법령에 따라 철거 또는 재건축이 이루어지는 경우

8. 그 밖에 임차인이 임차인으로서 의무를 현저히 위반하거나 임대차를 계속하기 어려운
   중대한 사유가 있는 경우

3기의 차임액에 해당하는 금액이란? 예를 들어, 월세가 100만 원이라면 현재 300만 원을 연체했거나 임대차 기간 중 300만 원을 한꺼번에 연체한 경우가 있는 경우, 임대인은 임차인의 계약 갱신 요구에 대해 거절할 수 있다.

묵시적 갱신

임대인이 임대차 기간이 만료되기 6개월 전부터 1개월 전까지 사이에 임차인에게 갱신 거절의 통지 또는 조건 변경의 통지를 하지 않으면 그 기간이 만료된 때에 전 임대차와 동일한 조건으로 다시 임대차한 것으로 본다. 이 경우 임대차의 존속기간은 1년으로 본다. 다만, 임차인은 언제든지 계약을 해지할 수 있고 임대인이 해지통지를 받은 날로부터 3개월이 지나면 해지의 효력이 발생한다. 예를 들어, 처음에 임대차 계약을 2년으로 체결한 후 계속 묵시적으로 갱신이 된 경우라면 임차인의 사정으로 나가고 싶을 때 언제든지 해지할 수 있다는 뜻이다. 다만, 오늘 해지통지를 했다고 내일 나갈 수 있는 것은 아니고 임대인은 해지통지를 받은 날로부터 3개월이 지나야 보증금을 받고 나갈 수 있다는 뜻이다.

환산보증금을 초과하는 임차인의 경우는 민법의 적용을 받는다. 즉, 민법에 따르면, 임대차 기간이 만료한 후 임차인이 임차물의 사용, 수익을 계속하는 경우 임대인이 상당한 기간 내에 이의를 하지 아니한 때에는 전

임대차와 동일한 조건으로 다시 임대차한 것으로 본다. 이 경우, 당사자는 언제든지 계약을 해지할 수 있고 상대방이 통지를 받은 날로부터 임대인이 해지통지를 한 경우에는 6월, 임차인이 해지통지를 한 경우에는 1월이 경과하면 해지의 효력이 생긴다(민법 639조).

임대인의 권리금 회수방해금지

관행상 인정되던 권리금에 관한 내용이 2015년부터 상가임대차보호법에 명문화되었고 나아가 임대인은 임차인이 권리금을 받을 수 있도록 협조할 의무가 생겼다. 즉, 임대인은 임대차 기간이 끝나기 6개월 전부터 임대차 종료 시까지 임차인이 신규임차인이 되려는 자로부터 권리금을 지급받는 것을 방해하여서는 아니된다. 임대인이 해서는 안 되는 방해행위는 다음과 같다.

① 임차인이 주선한 신규임차인이 되려는 자에게 권리금을 요구하거나 임차인이 주선한 신규임차인이 되려는 자로부터 권리금을 수수하는 행위 ② 임차인이 주선한 신규임차인이 되려는 자로 하여금 임차인에게 권리금을 지급하지 못하게 하는 행위 ③ 임차인이 주선한 신규임차인이 되려는 자에게 상가건물에 관한 조세, 공과금, 주변 상가건물의 차임 및 보증금, 그 밖의 부담에 따른 금액에 비추어 현저히 고액의 차임과 보증금을 요구하는 행위 ④ 그 밖에 정당한 사유 없이 임대인이 임차인이 주선한 신규임차인이 되려는 자와 임대차 계약의 체결을 거절하는 행위

다만, 임대인은 다음과 같은 정당한 사유가 있는 경우 임차인이 주선한 신규임차인과 임대차 계약의 체결을 거절할 수 있다.

① 신규임차인이 되려는 자가 보증금 또는 차임을 지급할 자력이 없는 경우 ② 신규임차인이 되려는 자가 임차인으로서의 의무를 위반할 우려가 있거나, 그 밖에 임대차를 유지하기 어려운 상당한 사유가 있는 경우 ③ 임대차목적물인 상가건물을 1년 6개월 이상 영리목적으로 사용하지 않는 경우 ④ 임대인이 선택한 신규임차인이 임차인과 권리금 계약을 체결하고 그 권리금을 지급한 경우

권리금계약에 관하여는 법무부에서 작성한 아래 권리금표준계약서를 참고하기 바란다.

상가건물 임대차 권리금계약서(법무부)

【계약내용】

제1조(권리금의 지급) 신규임차인은 임차인에게 다음과 같이 권리금을 지급한다.

총 권리금	금	원정(₩)
계약금	금	원정은 계약시에 지급하고 수령함. 영수자 (인)
중도금	금	년 월 일에 지급한다.
잔금	금	년 월 일에 지급한다.
	※ 잔금지급일까지 임대인과 신규임차인 사이에 임대차 계약이 체결되지 않는 경우 임대차 계약 체결일을 잔금지급일로 본다.	

제2조(임차인의 의무) ① 임차인은 신규임차인을 임대인에게 주선하여야 하며, 임대인과 신규임차인 간에 임대차 계약이 체결될 수 있도록 협력하여야 한다. ② 임차인은 신규임차인이 정상적인 영업을 개시할 수 있도록 전화가입권의 이전, 사업등록의 폐지 등에 협력하여야 한다. ③ 임차인은 신규임차인이 잔금을 지급할 때까지 권리금의 대가로 아래 유형·무형의 재산적 가치를 이전한다.

유형의 재산적 가치	영업시설·비품 등
무형의 재산적 가치	거래처, 신용, 영업상의 노하우, 상가건물의 위치에 따른 영업상의 이점 등

※ 필요한 경우 이전 대상 목록을 별지로 첨부할 수 있다.

④ 임차인은 신규임차인에게 제3항의 재산적 가치를 이전할 때까지 선량한 관리자로서의 주의의무를 다하여 제3항의 재산적 가치를 유지·관리하여야 한다. ⑤ 임차인은 본 계약 체결 후 신규임차인이 잔금을 지급할 때까지 임차목적물상 권리관계, 보증금, 월 차임 등 임대차 계약 내용이 변경된 경우 또는 영업정지 및 취소, 임차목적물에 대한 철거명령 등 영업을 지속할 수 없는 사유가 발생한 경우 이를 즉시 신규임차인에게 고지하여야 한다.

제3조(임대차 계약과의 관계) 임대인의 계약 거절, 무리한 임대조건 변경, 목적물의 훼손 등 임차인과 신규임차인의 책임 없는 사유로 임대차 계약이 체결되지 못하는 경우 본 계약은 무효로 하며, 임차인은 지급받은 계약금 등을 신규임차인에게 즉시 반환하여야 한다.

제4조(계약의 해제 및 손해배상) ① 신규임차인이 중도금(중도금 약정이 없을 때는 잔금)을 지급하기 전까지 임차인은 계약금의 2배를 배상하고, 신규임차인은 계약금을 포기하고 본 계약을 해제할 수 있다. ② 임차인 또는 신규임차인이 본 계약상의 내용을 이행하지 않는 경우 그 상대방은 계약상의 채무를 이행하지 않은 자에 대해서 서면으로 최고하고 계약을 해제할 수 있다. ③ 본 계약체결 이후 임차인의 영업 기간 중 발생한 사유로 인한 영업정지 및 취소, 임차목적물에 대한 철거명령 등으로 인하여 신규임차인이 영업을 개시하지 못하거나 영업을 지속할 수 없는 중대한 하자가 발생한 경우에는 신규임차인은 계약을 해제하거나 임차인에게 손해배상을 청구할 수 있다. 계약을 해제하는 경우에도 손해배상을 청구할 수 있다. ④ 계약의 해제 및 손해배상에 관하여는 이 계약서에 정함이 없는 경우 「민법」의 규정에 따른다.

【특약사항】

본 계약을 증명하기 위하여 계약 당사자가 이의 없음을 확인하고 각각 서명 또는 날인한다.

년　　월　　일

임차인	주소			(인)
	주민등록번호			
	성명		전화	
대리인	주소			
	주민등록번호			
	성명		전화	
신규 임차인	주소			(인)
	주민등록번호			
	성명		전화	
대리인	주소			
	주민등록번호			
	성명		전화	

Tip 1 특약사항에는 양도인이 얼마간 동종영업을 하지 않는다든지, 양수인이 양도인의 채무를 인수하지 않는다든지 하는 내용을 명확히 기재하는 것이 향후 분쟁예방을 위해 도움이 된다.

Tip 2 권리금의 대가로 이전하는 유형 또는 무형의 재산에 대해 구체적으로 기재하는 것이 향후 분쟁 예방을 위해 필요하다. 특히, 인허가 부분에 대한 승계 협조 의무에 대해서 명확히 기재하도록 하자.

6
인테리어공사를 할 때는 꼭 기억하자

A는 상가임대차 계약 후 B사에 인테리어공사를 의뢰했다. 하지만 생각했던 것과 달리 중간에 인테리어 콘셉트가 변경되면서 공사기간이 길어졌고 우여곡절끝에 공사가 끝이 났다. A는 처음 계약한 금액을 지급했는데 B사는 추가공사대금을 달라고 내용증명을 보내왔다. 왜 이런 문제가 발생했을까?

Tip 공사를 시작할 때는 상담을 통해 견적을 받고 진행하는 것이 대부분이다. 하지만, 공사는 중간에 여러 변수들로 인해 계속 변경되는 경우가 많고 당연히 처음 견적과는 다르게 진행되는 부분에 대해 추가 비용이 발생할 가능성이 높다. 하지만 공사업체와 이 점에 대해 명확히 짚고 넘어가지 않을 경우에는 위와 같은 문제가 발생하고 사실 공사 관련 분쟁은 빈번한 편이다. 공사를 할 때는 꼭 계약서를 작성하여 공사의 범위와 대금지급 부분에 대해 명확히 하고, 중간에 변경공사 부분에 대해서도 서로 간에 증빙을 남겨놓도록 하자.

김창대 씨는 상가계약을 마친 후 인테리어업체와 상담을 했다. 생각보다 이곳 저곳 손볼 데가 많아 견적이 예상을 초과했다. 먼저 창업한 친구가 인테리어공사업체를 잘 선택해야 한다며 공사 후 하자 때문에 고생을 했다는 조언을 해주었다. 공사와 관련하여 꼭 알아야 할 내용 정리해보자.

① 공사금액이 1500만 원 이상일 경우에는 건설산업기본법상 전문건설업 등록을 한 업체에서 공사를 하는 것이 좋다. 이 경우에는 공사 후 1년간 하자보증을 받을 수 있다. ② 공사와 관련하여 공사업체가 임의로 공사를 중단하는 경우를 대비해서 계약 시에는 계약이행보증서를 받고 공사완료 시에는 향후 발생할 수 있는 하자보수공사에 대비하여 하자이행보증서를 받자. ③ 그리고 무엇보다 공사계약서를 쓰자. 향후 공사관련 분쟁 예방에 필요하다. ④ 추가공사가 발생한 경우에는 이에 대한 비용 부담 등에 관해 서면으로 남겨두자.

대한상사중재원에서 만든 아래의 인테리어 공사 표준계약서를 참고하기 바란다.

인테리어 공사 표준계약서(대한상사중재원)

_____(이하 "발주자"라 한다)과(와) _____(이하 "수급자"라 한다)은(는) 아래와 같이 계약을 체결한다.

공사명	
장소	(면적: ㎡)
공사기간	(착공일) 년 월 일 ~ (준공일) 년 월 일

제1조(공사개요)

총 공사금액	원정(VAT 별도)
계약금	원 (지급일: 년 월 일)

| 중도금 | 원 (지급일: 년 월 일) |
| 잔금 | 원 (지급일: 년 월 일) |

제2조(대금지급) 발주자는 정당한 사유 없이 대금지급을 지연하여서는 아니 되며, 지연 시에는 미지급액에 대하여 지급일 다음 날로부터 완제일까지 연 6%의 지연이자를 지급하여야 한다. 단, 잔급 지급에 관한 원칙은 준공일을 기준으로 한다.

제3조(공사내역) ① 수급자는 공사착수 전 발주자에게 설계도서(도면, 시방서, 견적서 등)를 제출하여 승인을 받아야 한다. ② 공사에 사용할 재료의 품질, 품명 등은 설계도서와 일치하여야 한다. 단, 설계도서에 품질·품명 등이 명확히 규정되지 아니하거나 해당 재료가 품절인 경우 상호 협의하여 달리 정할 수 있다. ③ 제2항의 합의가 없는 경우 공사에 사용할 재료는 표준품 또는 표준품에 상당하는 재료로서 계약의 목적을 달성하는 데 가장 적합한 것으로 한다.

제4조(공사변경) ① 공사의 진행 중 또는 완료 후 발주자의 요구에 의하여 공사내용을 변경·추가할 경우 수급자는 이에 응하여야 하며, 발주자는 변경에 따르는 추가경비를 수급자에게 지불하여야 한다. 공사 완료 후 공사변경은 별도계약에 의하여 처리한다. ② 수급자는 공사의 원활한 진행 및 계약목적의 효율적 달성을 위해 공사내용 및 공법의 변경을 발주자에게 요청할 수 있다. ③ 예정준공일은 제1항 및 제2항에 따라 추가로 소요되는 기간을 고려하여 연장할 수 있고, 공사금액 변경분은 잔금 지급 시 정산한다.

제5조(하자보수) 수급자는 별도로 정한 바가 없으면 공사 완료 후 1년 이내에 발생한 일체의 하자에 대해 보수할 책임이 있다. 단, 발주자의 귀책사유 또는 천재지변 등 불가항력적인 사유에 의한 하자의 경우 수급자는 면책된다.

제6조(지체상금) ① 수급자는 준공기한 내에 공사를 완성하지 못하였을 때에는 매 지체일당 총 공사금액의 1,000분의 2에 해당하는 지체상금을 발주자에게 지불한다. ② 수급자는 천재지변 기타 특수한 사정으로 인하여 공사가 지연될 경우에는 즉시 발주자에게 통보하고, 당해 사유의 종료 시까지 기간의 연장을 요청할 수 있다. ③ 제2항의 사유 기타 수급자의 책임에 속하지 않은 사유로 지체된 일수는 제1항의 지체일 수에 산입하지 아니한다.

제7조(계약의 해제·해지) ① 발주자 또는 수급자는 다음 각 호의 1에 해당하는 경우 서면으로 당해 계약의 전부 또는 일부를 해제·해지할 수 있다. 1. 수급자가 정당한 사유 없이 약정한 착공기일을 경과하고도 공사에 착수하지 아니한 경우 2. 수급자의 귀책사유로 준공기일 내에 공사를 완성할 가능성이 없음이 명백할 때 3. 불가항력 및 계약조건의 위반으로 계약의 목적을 달성할 수 없다고 인정될 경우 ② 제1항에 의하여 계약이 해제·해지된 경우 발주자과 수급자은 지체 없이 기성부분의 공사금액을 정산하여야 하고, 책임이 있는 일방은 상대방의 손해를 배상할 책임이 있다. 단, 불가항력적 사유로 인한 경우에는 배상책임을 면제한다.

제8조(권리·의무의 양도) 수급자는 계약된 공사의 전부 또는 일부를 제3자에게 양도 또는 하도급 할 수 없다. 단, 공사의 편의 및 공정의 특수성이 있는 때 또는 발주자의 동의를 얻었을 때에는 그러하지 아니하다.

제9조(저작권 보호) 이 계약과 관련한 설계도서의 저작권은 수급자에게 귀속되며, 발주자는 수급자의 서면동의 없이 이의 전부 또는 일부를 다른 곳에 사용하거나 양도할 수 없다.

제10조(분쟁해결) 이 계약과 관련하여 발생한 분쟁은 합의에 의하여 해결함을 원칙으로 하고, 당사자 사이에 해결되지 않은 분쟁은 대한상사중재원에서 국내중재규칙에 따라 중재로 해결한다.

제11조(기타사항) ① 발주자는 수급자가 당해 공사를 원활하게 진행하는 데 필요한 제반 조치(주무관청의 인허가, 민원해결 등)에 적극 협조하여야 하고, 관련 비용을 부담하여야 한다. ② 이 계약서에 규정하지 않은 사항에 대해서는 발주자와 수급자가 대등한 지위에서 협의하여 결정한다. 발주자와 수급자는 상호 신의와 성실을 원칙으로 상기와 같이 계약을 체결하고 계약서 2부를 작성하여 각각 1부씩 보관한다.

계약일자:　　년　월　일

발주자	주소	
	상호/성명	
	연락처	
수급자	주소	
	상호/성명	
	연락처	

7
상가를 리뉴얼하라구요?

가맹본부가 부당한 점포환경개선을 요구하여 가맹점들이 몸살을 앓고 있다는 기사를 가끔 보게 된다. 가맹계약서에도 미리 이러한 점포환경개선에 대해 명시해두었을 것이지만 가맹점을 시작하는 초보가맹점주 입장에서 이런 내용은 스쳐 지나가게 마련이다. 가맹점이 이제 자리를 좀 잡으려고 하는데 가맹본부가 상가리뉴얼을 요구한다면? 울며 겨자 먹기로 본부의 요구를 따라야 할까? 이런 경우에는 어떻게 해야 할까?

우선, 가맹본부는 부당한 점포환경개선을 강요해서는 안 된다. 다시 말하면, 점포 등의 노후화가 객관적으로 인정되는 경우라든지 위생 또는 안전의 결함 등의 사유로 가맹사업의 통일성 등을 유지하기 어려운 경우에 해당하는 경우에만 상가리뉴얼을 요구할 수 있다. 가맹점주가 자발적으로 상가리뉴얼을 하는 경우에는 당연히 가맹점주가 그 비용을 부담해야 하겠지만 가맹본부가 위와 같은 사유로 점포환경개선을 요구하는 경우에도 간판교체와 인테리어공사 비용에 관하여 20~40% 범위 내에서 가맹본부가 분담해야 할 의무가 있다는 점을 알아두자.

가맹본부가 점포환경개선을 요구할 수 있는 정당한 사유*로는 ① 점포의 시설, 장비, 인테리어 등의 노후화가 객관적으로 인정되는 경우 ② 위생 또는 안전의 결함이나 이에 준하는 사유로 인하여 가맹사업의 통일성을 유지하기 어렵거나 정상적인 영업에 현저한 지장을 주는 경우가 있다.

가맹본부의 공사비 분담 비율

점포의 확장 또는 이전을 수반하지 아니하는 점포환경개선의 경우	20/100
점포의 확장 또는 이전을 수반하는 점포환경개선의 경우	40/100

* 가맹사업법 시행령 제13조의 2

8
지원 사업;
점포환경개선사업, 소상공인 사업정리

소상공인의 사업을 지원하고 있는 기관이 의외로 많다. 우선 전국 단위의 소상공인시장진흥공단의 여러 지원 제도를 활용할 것을 권해 드린다. 소상공인의 창업부터 자금 지원, 경영컨설팅 등 많은 프로그램이 있으니 각 지역에 있는 센터를 이용하여 필요한 부분에 관해 도움을 받을 수 있다. 또한, 각 지자체별로 소상공인 지원기관들이 있고 해당 지자체에 속한 소상공인들을 위한 다양한 프로그램이 있으니 본인의 상황에 맞게 활용하길 바란다. 여러 가지 지원 제도 중에서 소상공인의 사업장환경개선사업을 지원하는 제도를 소개하고자 한다.

경기도(경기도시장상권진흥원), 경상남도, 전라도 등 지자체별로 진행하고 있으니 확인 후 지원이 가능한 경우에는 신청해 보기 바란다. 간판, 인테리어공사비 등 사업장의 환경개선 비용과 광고홍보비 일부를 지원해 주는 사업이다. 지원 제외 업종이 있으니 이 점은 개별공고를 확인하기 바란다.

그리고, 사업을 열심히 하다가 폐업을 하는 경우, 소상공인들의 폐업절차를 돕는제도가 있다. 소상공인시장진흥공단의 경우, 폐업과 관련된 철거비와 컨설팅비를 지원하는 사업이 있다. 주로 소상공인폐업지원사업으로 불리며 간판, 실내인테리어 등 사업을 위해 점포에 설치한 설비, 집기 등을 철거하고 원상회복하는 공사비를 일정금액 한도 내에서 지원하고 있으니 이 또한 해당되는 분들은 활용하시면 좋겠다.

참고자료

• 웹사이트

경기도시장상권진흥원 소상공인경영환경개선사업 및 사업정리지원사업

www.gmr.or.kr

소상공인시장진흥공단 희망리턴패키지사업

www.sbiz.or.kr

저자

• **민경화**

가맹거래사, 법무사

이화법무사가맹거래사민경화사무소 대표

서울시협동조합지원센터 및 경기도사회적경제센터 자문위원

성남산업진흥원 자문위원

수원지방법원성남지원 조정위원

비즈멘토협동조합 이사장

PART VI

알면 도움되는
창업행정

1
외식업 신고 절차

김창대 씨는 꿈에 그리던 음식점을 오픈했다. 이제 막 영업을 시작하려 세무서에 사업자등록을 하러 갔는데 담당공무원이 영업신고증을 달라고 한다. 구청에 가서 먼저 신고증을 받아야만 사업자등록을 할수 있다는 말에 김창대 씨는 다시 발걸음을 돌려야 했다.

업종별로 관련법령에 따라 영업을 개시하기 전 신고 또는 인허가를 받아야 하는 경우가 있다. 특히 외식업의 경우는 국민의 건강과 직결된 영역이기 때문에 여러 가지 행정절차를 먼저 밟아 나가야 한다. 행정업무가 너무 복잡하게 보이지만 함께 차근차근 풀어나가 보자.

외식업의 종류(식품접객업상 구분)

김창대 씨가 시작하려는 음식점의 영업신고부터 운영 시 준수사항, 위반시 행정처분까지 모두 식품위생법에서 다루고 있기 때문에 외식업은 식품위생법에서 시작해서 식품위생법으로 끝난다고 해도 과언이 아니다. 식품위생법과 친숙해지기 위해 먼저 식품위생법상 음식점업의 위치를 찾아본다. 식품위생법에서는 아래과 같이 8가지의 영업 종류를 규정하고 있다. 일반 및 휴게음식점 등은 8번 식품접객업으로 분류되어 있다.

식품위생법 시행령 제21조(영업의 종류)

1. 식품제조·가공업
2. 즉석판매제조·가공업
3. 식품첨가물제조업
4. 식품운반업
5. 식품소분 · 판매업
6. 식품보존업
7. 용기 · 포장류제조업
8. 식품접객업
   가. 휴게음식점영업
   나. 일반음식점영업
   다. 단란주점영업
   라. 유흥주점영업
   마. 위탁급식영업
   바. 제과점영업

식품접객업은 일반 및 휴게음식점은 물론 제과점, 위탁급식영업, 단란주점 등이 포함된다. 문자 그대로 손님을 접대하는 영업을 말한다. 음식점 영업을 하려면 우선 세부업종을 구분해야 하는데, 음식류를 조리·판매하는 영업으로서 식사와 함께 부수적으로 "음주행위가 허용되는 영업"을 할 계획이라면 일반음식점 영업으로, 주로 다류(茶類), 아이스크림류 등을 조리·판매하거나 패스트푸드점, 분식점 형태의 영업 등 음식류를 조리·판매하는 영업으로서 "음주행위가 허용되지 아니하는 영업"을 하고자 할 경우에는 휴게음식점 영업으로 신고한다.

식품접객업 세부 구분

구분	정의	신고/허가
휴게음식점	주로 다류(茶類), 아이스크림류 등을 조리·판매하거나 패스트푸드점, 분식점 형태의 영업 등 음식류를 조리·판매하는 영업으로서 음주행위가 허용되지 않는 영업	신고
일반음식점	음식류를 조리·판매하는 영업으로서 식사와 함께 부수적으로 음주행위가 허용되는 영업	신고
단란주점	주로 주류를 조리·판매하는 영업으로서 손님이 노래를 부르는 행위가 허용되는 영업	허가
유흥주점	주로 주류를 조리·판매하는 영업으로서 유흥종사자를 두거나 유흥시설을 설치할 수 있고 손님이 노래를 부르거나 춤을 추는 행위가 허용되는 영업	허가
위탁급식영업	집단급식소를 설치·운영하는 자와의 계약에 따라 그 집단급식소에서 음식류를 조리하여 제공하는 영업	신고
제과점	주로 빵, 떡, 과자 등을 제조·판매하는 영업으로서 음주행위가 허용되지 않는 영업	신고

외식업 신고 절차(일반음식점)

1단계 : 사전준비	·입지 및 건축용도 확인 ·시설기준확인 ·재난배상책임보험 가입	·점포 임대차계약 ·의무교육 이수

⬇

2단계 : 영업신고	·영업신고서 ·건강진단결과서 ·수질검사성적서 등	·위생교육수료증 ·안전시설 등 증명서

⬇

3단계 : 사업자등록	·영업신고증 사본 ·임대차계약서 사본	·사업자등록신청서 ·신분증

세부업종을 정한 후 영업할 장소를 선택할 때에는 건축물에 위법사항은 없는지, 건축물 용도가 근린생활시설 등 음식점 용도에 적합한 곳인지 먼저 확인해야 한다. 기존 임차인이 폐업신고를 하지 않은 경우가 종종 있어 사전에 관할 위생과에 문의하여 동일 장소에 이중신고 여부 등도 확인해보는 것이 좋다. 영업장소를 확인한 후 영업 신고에 필요한 위생교육(집합 또는 온라인)을 수료한 뒤 교육이수증을 받고, 가까운 보건소에서 간단한 건강진단을 받은 후 건강진단결과서(구 보건증)를 발급받는다. 그 외에 지하수나 LPG를 사용하는 경우나 면적에 따른 안전시설 증빙서류가 추가로 필요할 수 있다. 구체적인 사항들은 하나씩 정리하며 함께 알아보자.

· 1단계: 사전준비
: 입지 및 건축물의 용도 확인

마음에 든 상가의 지역과 건축물의 용도에 따라 음식점 창업이 가능한지 여부를 먼저 토지이용계획확인서와 건축물대장으로 확인해야 한다.

토지이용계획확인서

토지이용규제정보서비스	luris.molit.go.kr
SEE:REAL(씨:리얼)	seereal.lh.or.kr

TIP 도시계획 조례에 따른 허용지역을 확인한다.

TIP 음식점 창업이 가능한 용도별 건축물은 근린생활시설(1종, 2종)이다.

집합건축물대장(표제부, 갑)

이 등(초)본은 건축물대장의 원본 내용과 틀림없음을 증명합니다.

발급일: 2020년 02월 23일

: 하수도원인자부담금과 정화조 용량 확인

　계약을 체결하기 전 반드시 확인해야 하는 것이 있다. 바로 하수도원인
지부담금과 징화조 용량이다. 모르고 덜컥 계약을 했다 1000만 원이 넘
는 부담금을 떠안는 경우가 종종 발생하니 반드시 확인 또 확인하고 계
약을 진행해야 한다.

　하수도원인자부담금이란 하수도법에 근거하여 건물 신축이나 상가의

용도변경으로 오수가 대통령령으로 정하는 양(10톤) 이상 증가하는 경우 건물 소유자에게 부과시키는 부담금을 말한다. 일반음식점은 음식잔여물, 설거지 등 오수발생량이 타 업종에 비해 많을 수밖에 없다. 부담금은 소유자가 납부하는 것이 원칙이지만 현실에서는 임차인이 납부하거나 임대인과 임차인 간 협의를 통해 해결한다.

하수도원인자부담금 계산식

1일 업종별 오수 발생량 × 해당건축물 바닥면적(㎡) × 지자체별 톤당 금액

오수 발생량이 10톤 미만의 경우는 부과 대상이 아니며, 기존에 일반음식점이 있던 자리에 다시 내가 일반음식점으로 면적 증가 없이 그대로 개업하는 것이라면(일반음식점→일반음식점, 휴게음식점→휴게음식점) 용도변경이 아니기 때문에 괜찮다. 그러나 기존에 공실이거나 다른 업종이 있던 상가라면(도소매점→일반음식점, PC방→일반음식점 등) 기존보다 오수가 10톤이 증가하는지 우선 계산을 해보아야 한다.

정화조 용량도 마찬가지다. 초과되는 오수 발생량으로 정화조 용량이 증가되면 1년에 1~2회·청소하는 조건으로 허가를 받는 경우도 있고, 건축물 구조상 증설이 불가능하다는 이유로 아예 허가 자체가 불가한 경우도 있다. 공공오수관과 연결이 되어 있다면 하수도 원인자부담금으로 끝날 수 있지만, 아직 연결되지 않은 일부 지역에서는 정화조 용량 문제로 허가 나지 않는 경우가 종종 발생한다.

* 건축물의 용도별 오수발생량 및 정화조 처리대상인원 산정방법(환경부고시 2019-215호, 2019. 11. 25.)
** 일반음식점은 70 L/㎡, 휴게음식점은 35 L/㎡

정화조 용량 계산식

N(정화조처리대상인원)	=	용도에 따른 오염계수 (일반·휴게음식점=0.175A)	×	건축물 총 바닥면적

한번 계산해 보자. 예를 들어 건축물 면적이 200㎡인 일반음식점의 정화조처리대상인원 N=35이다. 그렇다면 35인용 이상의 정화조용량이 필요한 것이다. 이럴 경우 정화조 용량이 30인 이하라면 원칙적으로 증설이 필요하다.

이렇게 일일이 계산을 하고 있자면, 제대로 맞게 하는지도 모르겠고 머리도 지끈지끈 아파온다. 확인을 안 할 수도 없는 노릇이다. 그렇다면 어떻게 해야 할까? 답은 간단하다. 관할 시·군·구청에 직접 물어보고 확인하는 것이다. 사업장의 관할 구청에 전화를 걸어 사업장 주소와 층수, 면적 등을 말하고 하수도원인자부담금 발생 여부와 정화조 용량을 확인해 달라고 하면 된다. 공무원들은 국민의 봉사자이며 전문가다. 모르는 것은 전문가에게 물어보도록 하자. 이렇게 관할 관청에 확인까지 하고 나서 계약을 해야 향후 발생할 수 있는 피해를 예방할 수 있다.

이러한 절차를 줄이기 위해 기존에 같은 업종이 영업을 하던 상가를 구하기도 하고, 영업지위를 그대로 승계하기도 한다. 어떤 길로 갈지는 본인의 선택이다. 상황에 맞게 다양한 길이 있다는 것을 염두에 두고 선택하자. 중요한 것은 함정들을 피해 안전하게 목적지에 도달하는 것이다.

: 영업장 시설기준 확인*

영업장	① 독립된 건물이거나 식품접객업 영업 허가·신고를 한 업종 외의 용도로 사용되는 시설과 분리, 구획 또는 구분되어야 한다. ② 연기 유해가스 등 환기가 잘되도록 하여야 한다. ③ 음향 및 반주시설 설치 시 규제기준에 적합한 방음장치 등을 갖춰야 한다. ④ 공연을 하려는 영업자는 무대시설을 영업장 안에 객석과 구분되게 설치하되, 객실 안에 설치하여서는 아니 된다. ⑤ 일반음식점에 객실을 설치하는 경우 잠금장치를 설치할 수 없다. ⑥ 자막용 영상장치 또는 자동반주장치를 설치하여서는 아니 된다. ⑦ 객실안에는 특수조명시설을 설치하여서는 아니 된다.
조리장	① 손님이 내부를 볼 수 있는 구조로 되어 있어야 한다. ② 조리장 바닥에 배수구가 있는 경우 덮개를 설치하여야 한다. ③ 조리시설, 세척시설, 폐기물 용기 및 손 씻는 시설을 각각 설치하고, 폐기물 용기는 뚜껑이 있고 내수성 재질로 된 것이어야 한다. ④ 주방용 식기류을 소독하기 위한 자외선 또는 전기살균소독기를 설치하거나 열탕세척소독시설을 갖추어야 한다. ⑤ 충분히 환기를 시킬 수 있는 시설을 갖추어야 한다. ⑥ 식품별 보존 및 유통기준에 적합한 온도가 유지될 수 있는 냉장시설 또는 냉동시설을 갖추어야 한다.
급수시설	① 수돗물이나 수질기준에 적합한 지하수 등을 공급할 수 있는 시설을 갖추어야 한다. ② 지하수 사용 시 오염 우려 장소로부터 영향을 받지 아니하는 곳에 위치하여야 한다.
화장실	① 콘크리트 등으로 내수처리를 하여야 한다. ② 조리장에 영향을 미치지 않는 장소에 설치하여야 한다. ③ 손 씻는 시설을 갖추어야 한다.
기타	① 영업장 바닥면적의 합계가 100㎡ 이상 (지하층에 설치된 경우 66㎡ 이상)인 경우 소방시설 등 영업장 내부 피난통로 그 밖의 안전시설을 갖추어야 한다.

Tip 영업장 시설기준을 창업자가 확인하기는 어렵다. 인테리어업체 등 관련 전문가와 함께 확인하도록 한다.

* 식품위생법 시행규칙 [별표 14] 〈개정 2019. 12. 31.〉을 일부발췌하여 편집한 것으로, 반드시 전문을 확인하시기 바랍니다.

: 위생교육 수료

식품접객업 영업자 및 종업원은 매년 식품위생에 관한 교육을 받아야 하는데 일반음식점 신규 영업을 하려면 영업 신고 전에 미리 식품위생교육을 받아야 하며, 온라인 또는 집합교육을 통해 6시간 해당교육을 이수하고 수료증을 첨부해야만 영업신고를 할 수 있다. 온라인과 집체교육을 선택할 수 있었으나, 식품위생법 일부 개정으로 2021년 1월 1일부터는 일반음식점 신규영업을 하려면 사전 식품위생교육을 집합교육으로만 받아야 한다. 국민의 건강에 직접적인 영향을 미칠 수 있는 식품위생교육이 보다 더 충실히 이루어질 수 있도록 영업 시작 전에 받는 식품위생교육은 집합교육으로 하도록 하고, 영업을 시작한 후에 받는 식품위생교육은 집합교육 또는 원격교육으로 할 수 있도록 법령이 개정되었다.

교육기관

한국외식업중앙회	www.foodservice.or.kr
한국외식산업협회	www.kfoodedu.or.k

교육내용은 전반적으로 식품위생법 해설 및 시책, 위생교육, 식품 안전관리 및 식중독예방, 음식점 창업 일반강좌, 세무 및 노무관리 등 굉장히 알차게 이루어져 있으므로 의무교육만 성실히 수료하여도 사업을 시작하는 데 충분하다.

: 안전관련 구비서류 등 갖추기

안전관련 구비서류 중 필수서류인 건강진단결과서(구 보건증)는 검사 후 결과가 나오는 데 주말을 포함 일주일 정도가 소요되기 때문에 미리 보건소에 방문하여 검사를 받아 두는 것이 좋다. 그 밖에 층수와 면적에 따라 다음과 같이 추가서류가 요구된다.

건강진단결과서	[필수] 구보건증
수질검사 성적서	지하수 사용 시
액화석유가스 사용시설완성 검사필증	LPG 사용 시 (한국가스안전공사)
소방 방화시설 완비증명서 (소방서)	지하층에 위치하고 면적이 66㎡이상인 경우
재난보상책임보험	1층에 위치하고 면적이 100㎡이상인 경우 (의무)

· 2단계: 영업신고하기 (관할 시군구청)

구비서류목록	· 영업신고신청서 · 위생교육수료증 · 수질검사성적서 · 건강진단결과서 · 안전시설 등 완비증명서 · 수수료 28,000원 · 신분증
접수	사업장 소재지 관할 시·군·구청 위생과에 서류를 제출한다.

⬇

서류검토	식품위생법령으로 규정한 구비서류 완비 여부를 검토한다.

⬇

결재	이 법 및 관련법령에서 규정한 사항에 적합한 때에는 즉시 처리하되, 적합하지 아니하거나 제출서류가 미비한 때에는 보완요청을 하거나 신청을 반려한다.

⬇

시설조사(현장실사)	업종별 시설기준에 적합한지 여부를 판별한다.

⬇

신고증 발급

· 3단계: 사업자등록 하기 (관할 세무서)

구비서류목록	· 사업자등록신청서 · 임대차 계약서 사본	· 영업신고증 사본 · 신분증, 도장
접수		

⬇

현지확인 조사

⬇

결재

⬇

사업자등록증 발급

TIP 국세청 홈텍스(www.hometax.go.kr) 사이트에서 온라인 신고가 가능하다.

: 신고기한

영업신고를 마친 후 사업개시일로부터 20일 이내에 신청하도록 규정되어 있으나, 사업 개시를 하기 전에도 신청이 가능하다. 사업자등록을 하고 사업자등록번호가 부여되어야 신용카드 단말기 설치와 POS 시스템이 가능하므로 특별한 사정이 없다면 빨리 신청하는 것이 좋다.

신고 시 업태종목선택*

코드번호	세분류	세세분류
552101	한식 음식점업	한식 일반 음식점업
552102	외국식 음식점업	중식 음식점업
552103	외국식 음식점업	일식 음식점업
552104	외국식 음식점업	서양식 음식점업
552105	출장 및 이동 음식점업	출장 음식 서비스업
552107	기타 간이 음식점업	치킨 전문점
552108	기타 간이 음식점업	김밥 및 기타 간이 음식점업
552109	기관 구내식당업	기관 구내식당업
552114	한식 음식점업	한식 면 요리 전문점
552115	한식 음식점업	한식 육류 요리 전문점
552116	한식 음식점업	한식 해산물 요리 전문점
552117	외국식 음식점업	기타 외국식 음식점업
552118	기타 간이 음식점업	피자, 햄버거, 샌드위치 및 유사 음식점업
552119	기타 간이 음식점업	김밥 및 기타 간이 음식점업
552123	기타 간이 음식점업	간이 음식 포장 판매 전문점
552303	비알코올 음료점업	커피 전문점
552305	기타 간이 음식점업	간이 음식 포장 판매 전문점
552307	비알코올 음료점업	기타 비알코올 음료점업
552308	출장 및 이동 음식점업	이동 음식점업
552309	기타 간이 음식점업	피자, 햄버거, 샌드위치 및 유사 음식점업

* 2019년 귀속 업종분류코드(국세청)

2
행정처분 예방

영업신고와 사업자등록을 무사히 마치고 영업을 하던 김창대 씨. 어느 날 유통기한이 경과한 제품을 깜빡하고 냉장고와 선반에 보관하고 있던 중 특별단속에 적발되었다.

사소한 실수이고 조리목적으로 보관한 것이 아니라고 항변해 보았지만, 식품접객업자로서 국민의 보건위생 증진을 위하여 식품의 취급을 엄격히 관리하여야 할 의무가 있음에도 유통기한 지난 제품을 보관했다는 것은 단순 실수로 보기 어렵다며 행정청으로부터 영업정지 15일의 처분을 받았다. 김창대 씨는 당장 어떻게 해야 할지 눈앞이 깜깜하다. 영업정지 같은 행정처분의 경우 사실상 폐업과 다름없으니 말이다. 이럴 때는 당황하지 말고, 변호사, 행정사 등 전문가 상담을 통해 이의신청, 행정심판, 행정소송 등 법적인 구제절차를 적극적으로 활용해보자.

이번 장에서는 주요 행정처분의 기준과 사례, 그리고 불복방법에 대해 알아본다.

식품위생법상 행정처분의 기준

식품위생법의 제정목적은 식품으로 인하여 생기는 위생상의 위해를 방지하는 데 있고, 식품위생은 국민의 보건과 안전에 직결되는 사항이기 때문에 다른 법령에 비해 행정처분의 유형과 기준이 다양하고 구체적으로 규정되어 있다. 식품위생법에 열거된 위반사항을 전부 나열할 수는 없으므로 영업정지 위주의 주요 행정처분(과태료와 벌칙은 제외) 유형과 개별 기준을 알아보기로 한다.

주요 행정처분의 개별기준 (식품접객업)

위반사항	행정처분 기준		
	1차 위반	2차 위반	3차 위반
8. 법 제36조(시설기준준수) 또는 법 제37조 (영업신고허가 등)를 위반한 경우			
가. 변경허가를 받지 아니하거나 변경신고를 하지 아니하고 영업소를 이전한 경우	허가취소 또는 영업소 폐쇄		
나. 변경신고를 하지 아니한 경우로서			
1) 영업시설의 전부를 철거한 경우(시설 없이 영업신고를 한 경우를 포함한다)	허가취소 또는 영업소 폐쇄		
2) 영업시설의 일부를 철거한 경우	시설개수 명령	영업정지 15일	영업정지 1개월
다. 영업장의 면적을 변경하고 변경신고를 하지 아니한 경우	시정명령	영업정지 7일	영업정지 15일
10) 별표 17 제7호 카목을 위반한 경우			
가) 유통기한이 경과된 원료 또는 완제품을 조리·판매의 목적으로 보관한 경우	영업정지 15일	영업정지 1개월	영업정지 3개월
나) 유통기한이 경과된 원료 또는 완제품을 조리에 사용하거나 판매한 경우	영업정지 1개월	영업정지 2개월	영업정지 3개월
11. 법 제44조 제2항(청소년보호법)을 위반한 경우			

가. 청소년을 유흥접객원으로 고용하여 유흥 행위를 하게 하는 행위를 한 경우	영업허가 취소		
나. 청소년유해업소에 청소년을 고용하는 행위를 한 경우	영업정지 3개월	허가취소 또는 영업소 폐쇄	
다. 청소년유해업소에 청소년을 출입하게 하는 행위를 한 경우	영업정지 1개월	영업정지 2개월	영업정지 3개월
라. 청소년에게 주류를 제공하는 행위(출입하여 주류를 제공한 경우 포함)를 한 경우	영업정지 2개월	영업정지 3개월	허가취소 또는 영업소 폐쇄
13. 영업정지 처분 기간 중에 영업을 한 경우	영업허가 취소		

사례 소개: 누구나 행정처분을 받을 수 있다

행정청의 특별단속, 민관합동단속, 민원신고 등 다양한 경로를 통해 식품위생법위반사항이 적발된다. 가장 빈번한 행정처분은 영업장 면적 변경 미신고, 유통기한 경과제품 적발, 청소년 주류제공 등이다.

실제 몇 가지 행정심판 재결례를 통해 누구나 행정처분을 받을 수 있고, 어떻게 대처해 나가는지, 어떤 사유로 감경받았는지 간단히 살펴본다.

· 사례1: 유통기한 경과*

서울특별시 강동구에서 맛나식당(일반음식점)을 운영하는 김영숙 씨. 수개월 전 지인이 자신에겐 필요없으니 사용하라며 밀가루 2봉지를 음식점 밖 복도 한 켠에 두고 갔으나, 밀가루를 사용하는 음식이 거의 없기 때문에 이내 잊어버리고 있던 중 민관합동단속반에 의하여 유통기한 경과제품 보관사실이 적발되어 영업정지 15일 처분을 받았다.

* 서울특별시 2018 행정심판 재결례집 2017-1439 일반음식점 영업정지처분 취소청구

김영숙 씨는 전문가의 도움을 받아, 행정심판을 신청했다. 행정심판위원회는 ① 김영숙 씨가 동종의 법 위반 전력이 없는 점, ② 유통기한 경과 식품 보관경위로 미루어볼 때 고의성 없는 사소한 부주의로 인한 것이라고 보이는 점, ③ 이 사건 업소의 면적이 18.38㎡로 영세하고, 이 사건 처분으로 청구인이 입게 될 불이익이 크다는 점을 종합적으로 고려하여 처분의 1/2을 경감해 주었다.

· 사례2: 청소년 주류제공

울산광역시에서 일반음식점을 운영하는 나억울 씨. 사건 당일 손님 4명이 왔는데 1명은 평소 알고 지내던 지인으로 성인이고, 나머지 3명은 청소년이었다. 청소년들에게는 술을 마셔서는 안 된다고 훈계하고 이들이 술을 마시는지 줄곧 감시하던 중 경찰이 왔고, 음주측정 결과 술을 마시지 않은 것으로 밝혀져 검찰청으로부터 '혐의없음' 결정을 받았다. 그러나 검찰청의 '혐의없음' 처분에도 불구하고, 주류를 제공한 사실이 명백하다 하여 영업정지 2개월 처분을 받았다.

나억울 씨는 이름만큼 너무나 억울했다. 검찰에서 혐의가 없다고 결론이 났으니 당연히 영업정지 처분이 나올 것이라 예상하지 못했던 까닭이다. 형사처분과 행정처분이 별개로 진행된다는 것도 이번에 알게 되었다. 나억울 씨는 고민 끝에 나 홀로 행정심판을 진행하였다. 행정심판위원회에서는 사건 당시 ① 손님에게 신분증 제시를 요구하여 확인하였고, ② 청소년들에게는 음식은 먹을 수 있으나 술을 마실 수 없다는 사실을 여러 번 고지한 점, ③ 평소 청소년을 상대로 신분증 확인을 철저히 한

* 울산광역시 2018 행정심판 재결례집 2018-153 일반음식점 영업정지처분 취소청구

점, ④ 검찰에서 무혐의 처분을 받은 점을 종합하여 영업자의 주의·감독 의무를 성실히 이행하였다고 판단하여 2개월의 영업정지를 전부 취소하였다.

- · 사례3: 청소년 주류제공

홍길동 씨는 9년 동안 일반음식점을 운영하며 간혹 매장에서 난동을 부리는 손님들이 매장 내 CCTV를 설치해두었다. 사건 당일 손님 2명이 업소에 들어왔고, 다른 테이블에서 시비가 붙는 바람에 경찰이 출동하여 신분증 조사를 하던 중 한 명이 청소년으로 밝혀져 적발되었다. 청소년 1명에게 소주 1병을 판매한 사실이 인정되어 영업정지 6일의 처분을 받았다.

홍길동 씨는 신분증까지 대조하였는데 영업정지처분은 부당하다고 생각되었다. 영세한 홍길동 씨는 행정심판 국선대리인 제도를 통해 불복하였고, 행정심판위원회는 영업정지처분을 취소하였다. 행정심판위원회는 ① 청소년이 타인의 신분증을 도용하였고, ② CCTV에서 홍길동 씨가 청소년의 신분증상 사진과 실제 얼굴을 비교하였던 것을 확인할 수 있는 점, 이 사건 청소년이 수차례 이 업소를 방문했음에도 그때마다 신분증 검사를 시도한 점 등 영업주로서 해야 할 조치 의무를 성실히 이행한 점, ③ 검찰에서 '혐의없음' 결정을 한 점 등을 종합적으로 고려하였다고 밝혔다.

행정처분 예방할 수 없을까?

가장 중요한 것은 예방이다. 많은 기업들이 돈을 주고 각종 컨설팅을 받는 가장 큰 목적은 리스크 예방이다. "소 잃고 외양간 고친다."는 속담이 있다. 문제가 발생한 후에 허둥지둥 쫓아다니며 시간을 낭비하지 말고 미리미리 예방할 수 있도록 유용한 팁을 소개하고자 한다.

· 놓치기 쉬운 신고 내용 숙지: 영업장 면적변경도 신고해야 한다!

식품위생법 시행령 제26조에는 영업자의 성명, 영업소의 명칭 또는 상호, 영업장 소재지, 영업장의 면적을 변경할 때 신고하도록 규정하고 있다. 특히 명칭을 변경하거나 면적을 확장하는 경우 신고의무를 알지 못하고 무심코 지나가는 경우가 많아 사후적발로 시정명령 또는 행정처분의 대상이 되고 있다. 처분 이후에는 법률의 무지를 주장할 수 없으니 기억해야 한다.

· 일일 재고 체크리스트 만들기

유통기한 경과 제품을 고의로 보관하거나 사용하는 일은 없을 것이다. 언제나 사소한 부주의가 예측 못 한 불행을 불러오기도 한다. 일일 단위로 제품의 유통기한 잔여일수, 제품 재고리스트를 만들어 작성하고 확인하는 것이 필수이다. 이러한 일 단위 체크리스트는 향후 실수로 적발되어 처분을 받게 되더라도 그동안 성실하게 유통기한을 관리하였다는 입증서류가 될 수 있다.

· CCTV를 설치하고 사각지대를 없애라

CCTV는 객관적 사실을 입증하는 데 가장 최적의 증거이다. 세상에는 정말 다양한 사람들이 있고, 때로는 억울한 일도 발생한다. 예를 들어, 신분증 검사를 하지 않았다는 청소년의 거짓말도 CCTV 자료로 밝혀낼 수 있다. 비용은 발생하지만 분쟁을 사전에 예방하는 데 확실한 방법이다.

· 신분증 확인! 휴대폰 사진 확인만으로는 불충분

청소년들이 휴대폰으로 자신의 신분증을 찍은 후 위조하여 제시하는 경우가 있다. 그러나 청소년보호법 시행령에는 청소년의 나이 및 본인 여부를 확인하는 방법이 규정되어 있고, 휴대폰 사진만으로 본인 여부를 확인하는 것은 인정되지 않는다. 반드시 대면으로 실물 신분증을 대조하여 확인하여야 한다. 신분증의 위·변조를 확인할 수 있는 싸이패스를 설치하는 것도 신분증 검사내역을 확실하게 증명할 수 있어 예방책으로 많이 활용된다. 평소 신분증 확인을 철저히 하고 청소년 출입금지 팻말이나 전단 부착, 싸이패스 설치 등의 선제적 노력으로 안전하게 영업하시길 권해드린다.

행정처분 받았을 땐, 이렇게 대처하자

행정처분을 받지 않도록 미리 예방한다고 했지만 불가피하게 행정처분을 받았다면 어떻게 해야 할까? 확인해야 하는 사항과 불복방법은 무엇이 있을까?

· 사전통지도 없이?: 완벽한 사람은 없다, 절차적 위법 확인

행정절차법에 따라 행정청은 침해적 행정처분을 하면서 당사자에게 사전통지를 하거나 의견제출의 기회를 반드시 주어야 한다. 그러나 담당자가 사전통지 없이 곧바로 처분을 내리거나, 근거를 제시하지 않거나, 의견제출의 기회를 제대로 주지 않는 경우도 실무에서는 생각보다 많다. 이러한 사실이 인정되면 처분자체가 위법하다고 판단되어 취소되므로 절차에 문제가 없었는지 먼저 꼼꼼히 따져봐야 한다.

· 사전처분통지서를 받았으면 의견제출을 하자

사전통지를 받고 당황하고 경황이 없어 의견제출을 놓치는 경우가 많다. 그러나 의견제출 단계부터 차분히 잘 대처해야 한다. 법적근거가 잘못된 경우, 사실이 왜곡된 경우가 있을 수 있다. 잘못된 처분이라면 적극적인 의견제출로 처분 전 행정처분을 철회시킬 수도 있다.

또한 검찰의 기소유예나 법원의 선고유예 결정이 나오면 영업정지가 감경될 수 있으므로 검찰의 처분이 나올 때까지 처분을 유예해 달라는 의견을 제출하는 것도 방법이다. 영업을 계속해야 한다면, 영업정지처분 대신 그에 갈음하는 과징금으로 전환해 달라는 의견도 의견제출을 통해 피력할 수 있다. 다만 이 경우에도 개별행정처분 기준에 따라 과징금 처분을 할 수 없는 경우가 있으니 주의하자.

과징금

등급	연간 매출액 (단위: 백만 원)	1일 과징금 (단위: 만 원)	등급	연간 매출액 (단위: 백만 원)	1일 과징금 (단위: 만 원)
1	20 이하	5	14	750 초과 850 이하	94
2	20 초과 30 이하	8	15	850 초과 1,000 이하	100
3	30 초과 50 이하	10	16	1,000 초과 1,200 이하	106
4	50 초과 100 이하	13	17	1,200 초과 1,500 이하	112
5	100 초과 150 이하	16	18	1,500 초과 2,000 이하	118
6	150 초과 210 이하	23	19	2,000 초과 2,500 이하	124

7	210 초과 270 이하	31	20	2,500 초과 3,000 이하	130
8	270 초과 330 이하	39	21	3,000 초과 4,000 이하	136
9	330 초과 400 이하	47	22	4,000 초과 5,000 이하	165
10	400 초과 470 이하	56	23	5,000 초과 6,500 이하	211
11	470 초과 550 이하	66	24	6,500 초과 8,000 이하	266
12	550 초과 650 이하	78	25	8,000 초과 10,000 이하	330
13	650 초과 750 이하	88	26	10,000 초과	367

· 불복방법: 행정심판 vs 행정소송

행정청의 처분을 다투고자 할 때 우리는 행정심판과 행정소송을 제기할 수 있다. 그렇다면 행정심판과 행정소송은 어떻게 다른 것일까? 행정심판은 행정기관인 행정심판위원회가, 행정소송은 법원이 심판기관이 된다. 행정심판을 제기한 후 행정소송을 진행할 수도 있고, 곧바로 법원의 문을 두드려 행정소송을 제기할 수도 있다. 다만, 행정심판은 행정소송과 달리 위법한 처분뿐만 아니라 '부당'함에 대하여도 다툴 수 있고, 시간과 비용 면에서 비교적 효율적이기 때문에 억울한 부분이 있다면 행정심판 청구를 통해 먼저 구제방안을 모색해 보는 것도 방법이다.

주의할 점은 제소기간이다. 처분을 다투고자 할 때에는 행정심판 처분이 있음을 알게 된 날부터 90일 이내, 처분이 있었던 날부터 180일 이내에 처분청 또는 관할 행정심판위원회에 청구하여야 하는데 이 기간이 도과하면 행정심판을 제기할 수 없다. 행정소송 역시 처분 등이 있음을 안 날부터 90일 이내, 처분 등이 있은 날부터 1년 이내에만 다툴 수 있다.

행정심판 청구의 결과(재결)가 나오기 전에 처분이 집행되어 영업정지가 시작되면 안 되므로 행정심판을 제기할 때는 동시에 절차의 집행을 정지해 달라는 집행정지 신청을 함께 제출하자. 처분이 시작되기 전 할 수 있는 것은 다 해보도록 한다.

    Tip 전문가의 도움을 받으면 좋겠지만 나 홀로 해결을 해야 한다면? 온라인행정심판 사이트(www.simpan.go.kr)에 로그인하여 제공되는 서식과 예시를 활용하자.

3
노무행정, 이것만은 반드시 알고 가자!

김창대 씨는 동네 맛집으로 입소문을 타며 자리를 잡아 나갔다. 매출이 점점 늘어나자 일손이 부족해졌다. 아내가 틈틈이 도와주고 직원 한 명이 함께하고 있지만 주말에는 아르바이트생을 좀 더 고용해야 할 것 같다. 아르바이트로 단시간 일하는 경우에도 4대 보험 신고를 해야 하는지, 주말에만 나오는데 휴일근로수당을 주어야 하는지, 주휴수당은 주어야 하는지 고민이 많아진다. 근로자가 몇 명 안 되는 소규모 사업장인데 모든 수당을 다 챙겨주어야 하는지, 어떤 수당은 지급 의무가 없는지 김창대 씨 머릿속은 복잡하기만 하다.

Tip 5인 미만 사업장은 연장 휴일, 야간근로 등의 가산수당 등이 적용되지 않는다.

5인 미만 사업장에 적용되는 근로기준법

대부분 창업 초창기에는 가족단위로 근무하거나 직원 1~2명, 혹은 파트타임 아르바이트를 고용하여 영업을 시작한다. 근로기준법은 원칙으로 상시근로자 수 5인 이상인 경우 적용되지만 상시근로자 수가 4명 이하인 경우에도 일부규정을 적용하고 있으므로 내 사업장의 적용 범위부터 정확히 확인하도록 한다.

상시근로자가 5인 이상이 되면 각종 법정수당과 연차휴가, 부당해고금지 등의 근로기준법을 전면 적용받게 된다.

상시근로자 수에 따른 근로기준법 적용 범위[*]

항목	내용	1인~4인	5인 이상
근로계약서	근로계약 체결 시 서면으로 근로계약서 작성 및 교부	○	○
해고예고(수당)	해고30일 전 예고의무, 예고X → 30일분 통상 임금지급	○	○
최저임금	2022년 기준 시간당 9,160원	○	○
퇴직금	1년 이상 근무 시 30일 이상의 평균 임금 지급	○	○
출산휴가 육아휴직	출산 전후 90일 휴가 1자녀당 최장 1년 육아휴직부여	○	○
주휴일(주휴수당)	주 15시간 이상 근무 근로자 1주일 만근 시 지급	○	○
4대 보험	주 15시간 이상 근무 시 4대 보험 가입의무	○	○
연장근로수당	법정근로시간 이상 근무 시 가산임금 지급	X	○
야간근로수당	밤 10시~새벽 6시 근무 시 가산임금 지급	X	○
휴일근로수당	주휴일, 근로자의 날 근무 시 가산임금 지급	X	○
연차유급휴가	1년 동안 80% 이상 근무 시 유급휴가 지급	X	○
생리휴가	여성 근로자가 청구 시 월 1회 부여	X	○
부당해고구제절차	정당한 이유 없이 해고 시 노동위원회에 구제신청	X	○

· 상시근로자 수 계산

① 사유발생일 전 1개월간 사용한 근로자 연인원÷사업장 가동일 수

* 근로기준법 제11조 제2항 및 근로기준법 시행령 제7조

② 단, 영업일 중 5인 넘게 일하는 날이 과반이면 1의 평균 숫자에 관계 없이 5인 이상으로 보고, 5인 미만으로 일하는 날이 과반이면 평균 숫자에 관계없이 5인 미만으로 본다.

상시근로자 수는 굉장히 중요한 개념이다. 예를 들어, 직원 3명과 주말 아르바이트 2명이 근무한다고 해서 상시근로자 수가 5명이 되는 것은 아니고 산정방법에 따른 계산을 해야 정확히 구할 수 있는 것이다. 4월 한 달간 평일에 정직원 3명이 근무하고 주말엔 파트타임 2명이 근무했다. 휴무는 매주 월요일이고 총 영업일 수는 26일이다. 이 영업장의 상시근로자 수는 94명/26일=3.6명이 된다. 그러므로 근로자 수가 4~6인인 영업장이라면 인력계획을 잘 세워서 운영하도록 하자.

이하에서는 주로 5인 미만 사업장에 적용되는 근로계약서, 최저임금, 퇴직금, 주휴수당, 4대 보험, 해고예고제도에 대해 알아본다.

근로계약서는 반드시 작성한다

근로자가 노동청에 진정할 때 빼놓지 않고 쓰는 것이 근로계약서 미작성이라고 한다. 근로계약서 작성시기는 법률에 정해진 것이 없지만, 나중에 써야지 혹은 일주일만 지켜보고 써야지 라는 생각으로 미루다가 벌금이나 과태료를 낼 수도 있다. 근로계약서 미작성의 경우 근로기준법 제17조 위반으로 500만 원 이하의 벌금이 부과된다. 반드시 채용 후, 2장을 작성하여 한 장은 사업장에 보관하고 한 장은 근로자 두 손에 쥐여 주자. 단 하루를 근무한 아르바이트생이라도 근로계약서를 사전에 작성하여야 향후 분쟁의 소지를 차단할 수 있다.

　근로계약을 체결할 때 반드시 들어가야 할 내용이 있는데 임금(구성항목, 계산방법, 지급방법), 근로시간, 휴일과 휴가이다. 기간제 및 단시간 근로자의 경우 휴게, 취업의 장소와 종사하여야 할 업무에 관한 사항, 근로계약기간, 근로일별 근로시간도 서면으로 명시해야 한다. 노동부에 표준근로계약서를 바탕으로 사업장 상황에 맞게 수정해서 사용하길 권한다. 근로계약서는 퇴사 여부와 상관없이 3년간 의무보관한다.

단시간근로자 표준근로계약서

(이하 "사업주"라 함)과(와) _____(이하 "근로자"라 함)은 다음과 같이 근로계약을 체결한다.

1. 근로개시일 : 　　　년 　월 　일부터
※ 근로계약기간을 정하는 경우에는 "　년 　월 　일부터 　년 　월 　일까지" 등으로 기재

2. 근 무 장 소 :

3. 업무의 내용 :

4. 근로일 및 근로일별 근로시간

근로시간	(　)요일		(　)요일		(　)요일		(　)요일		(　)요일		(　)요일	
	시간		시간		시간		시간		시간		시간	
시업	시	분	시	분	시	분	시	분	시	분	시	분
종업	시	분	시	분	시	분	시	분	시	분	시	분
휴게 시간	~ 시	분	~ 시	분	~ 시	분	~ 시	분	~ 시	분	~ 시	분

ㅇ 주휴일 : 매주 __요일

5. 임 금
- 시간(일, 월)급 : _____원(해당사항에 ○표)
- 상여금 : 있음 (　　) _____원, 없음 (　　)
- 기타급여(제수당 등) : 있음 : _____원(내역별 기재), 없음 (　　),
- 초과근로에 대한 가산임금률: _____%
　※ 단시간근로자와 사용자 사이에 근로하기로 정한 시간을 초과하여 근로하면 법정 근로
　　시간 내라도 통상임금의 100분의 50%이상의 가산임금 지급('14.9.19. 시행)
- 임금지급일 : 매월(매주 또는 매일) ____일(휴일의 경우는 전일 지급)
- 지급방법 : 근로자에게 직접지급(　　), 근로자 명의 예금통장에 입금(　　)

6. 연차유급휴가 : 통상근로자의 근로시간에 비례하여 연차유급휴가 부여

7. 사회보험 적용여부(해당란에 체크)
　□ 고용보험 　□ 산재보험 　□ 국민연금 　□ 건강보험

8. 근로계약서 교부
- "사업주"는 근로계약을 체결함과 동시에 본 계약서를 사본하여 "근로자"의 교부
　요구와 관계없이 "근로자"에게 교부함(근로기준법 제17조 이행)

9. 근로계약, 취업규칙 등의 성실한 이행의무
- 사업주와 근로자는 각자가 근로계약, 취업규칙, 단체협약을 지키고 성실하게
　이행하여야 함

10. 기 타
- 이 계약에 정함이 없는 사항은 근로기준법령에 의함

　　　　　　　　　　　　　　년 　　　월 　　　일

(사업주) 사업체명 : 　　　　　　　　(전화 : 　　　　　　)
　　　　　주　　소 :
　　　　　대 표 자 : 　　　　　　(서명)
(근로자) 주　　소 :
　　　　　연 락 처 :
　　　　　성　　명 : 　　　　　　(서명)

단시간근로자의 경우 "근로일 및 근로일별 근로시간"을 반드시 기재하여야 한다*. 다양한 사례가 있을 수 있어, 몇 가지 유형을 예시하니 참고하도록 하자.

예시 ① 주 5일, 일 6시간(근로일별 근로시간 같음)
· 근로일: 주 5일, 근로시간: 매일 6시간
· 시업 시각: 09시 00분, 종업 시각: 16시 00분
· 휴게 시간: 12시 00분부터 13시 00분까지
· 주휴일: 일요일

예시 ② 주 2일, 일 4시간(근로일별 근로시간 같음)
· 근로일: 주 2일(토, 일요일), 근로시간: 매일 4시간
· 시업 시각: 20시 00분, 종업 시각: 24시 30분
· 휴게 시간: 22시 00분부터 22시 30분까지
· 주휴일: 해당 없음

예시 ③ 주 5일, 근로일별 근로시간이 다름

	월요일	화요일	수요일	목요일	금요일
근로시간	6시간	3시간	6시간	3시간	6시간
시업	09시 00분	09시 00분	09시 00분	09시 00분	09시 00분
종업	16시 00분	12시 00분	16시 00분	12시 00분	16시 00분
휴게 시간	12시 00분 ~13시 00분	-	12시 00분 ~ 13시 00분	-	12시 00분 ~13시 00분

· 주휴일: 일요일

예시 ④ 주 3일, 근로일별 근로시간이 다름

	월요일	화요일	수요일	목요일	금요일
근로시간	4시간	-	6시간	-	5시간
시업	14시 00분	-	10시 00분	-	14시 00분
종업	18시 30분	-	17시 00분	-	20시 00분
휴게 시간	16:00 ~16:30	-	13시 00분 ~ 14시 00분	-	18시 00분 ~ 19시 00분

· 주휴일: 일요일

---

* 기간제·단시간 근로자 주요 근로조건 서면 명시 의무 위반 적발 시 과태료(인당 500만 원 이하) 즉시 부과에 유의(14. 8. 1.부터)

올해 최저임금은 얼마죠?

구분	2020년	2021년	2022년
시급	8,590원	8,720원	9,160원
일급(8시간)	68,720원	69,760원	73,280원
월급(209시간)	1,795,310원	1,822,480원	1,914,440원

2022년 최저임금은 전년 대비 약 5% 상승한 9,160원이다. 2012년에는 최저시급이 4,580원이었고, 10여 년이 흐른 지금 최저임금은 2배 이상 인상되었다. 물론 명암이 분명하겠지만 최저임금의 가파른 인상은 가맹점을 운영하는 사업주 입장에서 부담으로 작용할 수밖에 없다.

Q&A: 수습기간 3개월 동안 최저시급의 90% 지급해도 되나요?

Yes. 단, 단순노무업무는 수습기간에도 최저임금을 100% 지급해야 한다.

보통 업종 구분 없이 수습기간(보통 3개월) 이내인 자에게는 최저임금의 90%를 감액할 수 있다고 알고 있다. 그러나 최저임금법의 개정으로 2018년 3월 20일부터는 숙련이 필요 없는 단순노무업무 종사자의 경우는 수습기간에도 최저임금을 100% 지급해야 한다. 고시된 단순노무업무에는 패스트푸드 준비원, 주방보조원 등 음식 관련 단순 종사자가 포함되어 있으므로 임금 지급 시 주의가 필요하다. 예를 들어, 음식을 다듬고 썰어 조리까지 모두 수행하는 조리사와 조리사를 보조하여 음식조리의 전반적인 일을 수행하는 조리원이라면 단순노무 종사자가 아닌 조리사로 분류되지만, 조리재료를 단순히 다듬는 등의 준비를 하거나 접시를 닦는 일을 수행하는 경우에는 단순노무업무에 해당된다.

4대 보험 가입이 안 되어 있어도 퇴직금을 지급해야 하나요?

퇴직금은 근로자퇴직급여보장법이 개정되면서 2010년 12월 1일부터 5인 미만 사업장에도 적용되었다. 사용자는 계속근로기간 1년에 대하여 30일분 이상의 평균임금을 퇴직금으로 지급하기 위하여 퇴직(일시)금제도 또는 퇴직연금제도를 반드시 설정하여야 한다. 상담을 하다 보면, 4대 보험에 가입이 안 된 상태라 지급대상이 아니라고 잘못 판단하는 경우가 의외로 많다. 4대 보험 가입 여부와 상관없이 반복적으로 일한 기간이 1년 이상이라면 퇴직금 대상이다. 1년 미만이거나, 4주간 평균하여 1주 근로시간이 15시간 미만인 자만이 퇴직금 대상에서 제외된다. 한 달에 10일 정도 일하는 일용직이더라도 반복적, 계속적으로 근로한 기간이 1년 이상이라면 지급대상이 되는 것이다.

퇴직금은 특별한 사정이 있어 당사자 간 합의에 따라 지급기일을 연장하지 않는 한, 퇴직일로부터 14일 이내 지급하여야 한다. 2012년부터 퇴직금 중간정산이 금지되어 중간정산 예외사유가 아닌 한 미리 퇴직금을 정산해 줄 수 없다.

· **퇴직금 중간정산 예외 사유**

① 무주택자 주택구입

② 무주택자 전세금 또는 임차보증금 부담

③ 본인, 배우자, 부양가족의 6개월 이상의 요양

④ 신청일부터 역산하여 5년 이내의 파산선고, 회생절차개시결정

⑤ 임금피크제 실시

⑥ 천재지변 등

- Q&A: 퇴직 후 1년이 지나고서 퇴직금을 달라고 다시 연락이 왔어요. 지급 의무가 있는 건가요?

퇴직금은 임금채권이고 임금채권의 소멸시효기간은 3년이다. 퇴직 후 3년 이내 청구한 것이라면 사업주에게 지급 의무가 있다.

주휴수당, 빠트리지 말자!

"사장님, 주휴수당도 챙겨주세요!" 노동분쟁 발생 시 자주 발생하는 유형 중 빠지지 않는 것이 주휴수당이다. 일주일 동안 정해진 근무일 수를 모두 근로한 근로자에게는 유급 주휴일을 주어야 하며, 이때 지급하는 수당을 주휴수당이라 부른다. 일주일에 15시간 이상 근무하면 대상이 되므로 아르바이트생이나 직원이든 근무형태에 상관없이 적용한다.

지급방식은 1일 8시간씩 5일을 근로한 경우, 하루 치 8시간의 수당을 추가로 지급하면 된다. 1일 3시간씩 5일을 근무한 경우라면, 마찬가지로 하루 치 3시간의 주휴수당을 지급한다. 주 40시간 미만 근로의 경우, 1주 총 근로시간/40×8×시급으로 계산하면 간편하다. 주휴수당 미지급이 한동안 이슈가 되어 검색포털 사이트에서 '주휴수당 계산기'를 검색하고 상황에 따라 입력하면 자동으로 수당이 계산되니 급여계산 시 적절하게 활용해 보자.

월 급여를 받는 직원도 당연히 주휴수당이 지급되는데 월 급여 시급 x209시간으로 계산하는 이유도 주휴수당이 포함되어 있기 때문이다.

주 40시간 + 주휴시간 8시간	×	4.34주(월평균 주 수 365일/7일/12개월)

- Q&A: 지각이나 조퇴의 경우에도 주휴수당을 주어야 하나요?

주휴수당의 요건이 정해진 근무일 수를 개근하는 것이기 때문에 결근이 발생하면 주휴일은 부여하되 무급으로 처리하면 된다. 그러나 지각이나 조퇴는 결근이 아니므로 주휴수당을 지급하여야 한다. 지각이나 조퇴를 반복하더라도 이는 출근으로 간주한다는 점 기억하자.

해고예고를 안 하면 한 달 임금을 주어야 한다

정당한 해고의 경우에도 해고일 30일 전에 해고사유와 해고시기를 통지하여야 한다. 이때 반드시 서면으로 하여야 효력이 있다. 해고예고를 하지 않은 경우에는 어떻게 될까? 30일 전에 예고를 하지 못한 경우 해고예고수당을 지급해야 한다. 해고예고수당은 30일분의 통상임금이므로 한 달 치 월급을 그냥 주어야 한다. 그러니 부득이 근로자를 해고하는 경우에는 30일 전에 사유와 시기를 '서면으로 통지'하여야 한다.

한편, 해고예고수당을 지급하거나 30일 전에 해고예고를 하지 않아도 즉시 해고할 수 있는 경우가 있다. 천재지변 기타 부득이한 사유로 사업 존속이 불가능한 경우, 근로자가 고의로 사업의 막대한 지장을 초래하거나 재산상 손해를 끼친 경우로서 고용노동부령으로 정하는 사유에 해당하는 경우가 그것이다.

해고 자체가 금지되는 기간도 있는데 업무상 재해의 요양을 위한 휴업 기간과 그 후 30일, 출산 전후 휴가기간과 그 후 30일이다. 이 기간은 해고예고를 하여도 근로자를 해고할 수 없으니 주의하자.

4대 보험 신고

· 가입대상: 정규직, 일용직에 상관없이

4대 보험 역시 정규직, 계약직, 아르바이트 등 계약 형태에 상관없이 사업장에서 근로를 제공하는 모든 근로자에게 적용된다. 다만 1개월 미만의 기간을 정하여 사용하는 일용근로자는 국민연금, 건강보험, 고용보험의 적용이 제외되는데, 1개월 미만이라 하더라도 8일 이상 근무하거나 근로시간이 60시간 이상인 경우에는 보험가입 당연대상이 된다.

가입 및 탈퇴 신고: www.4insure.or.kr

국민연금	건강보험	고용보험	산재보험
다음 달 15일	14일 이내	다음 달 15일	

4대 보험료율(2022년, 음식업 기준)

구분	사업주	근로자	총 부담
국민연금	4.5%	4.5%	9%
건강보험	3.495%	3.495%	6.99%
장기요양보험	0.428%	0.428%	0.857%
고용보험(150인 미만)	1.15%	0.90%	2.05%
산재보험(20인 미만)	약 1%	-	약 1%
합계	약 10.57%	약 9.32%	**약 19.9%**

매월 4대 보험 신고를 하는 것이 복잡하고 부담이 된다면 보험사무대행기관을 활용해보자. 30인 미만 사업장의 경우 대행 수수료 없이 전문보험사무대행기관에 대행서비스를 신청할 수 있다. 수수료는 근로복지공단에서 부담하므로 소규모 사업장의 행정처리 부담을 덜어내는 데 더없이 좋은 제도이다.

Tip 10인 미만 사업장이라면 두루누리 사회보험료 지원 사업 신청하기

근로자 수가 10명 미만인 사업에 고용된 근로자 중 월평균 보수가 230만 원 미만인 근로자와 그 사업주에게 사회보험료를 최대 80%까지 지원해주는 실용적인 제도이다.

근로자 채용 시, 고용장려금 지원 제도를 적극 활용하자

근로자를 채용할 계획이 있다면 채용하기 전 사업주에게 지원되는 지원금이 있는지 먼저 확인하자. 만 34세 이하 청년을 채용할 계획이라면 청년관련장려금을, 만 50세 이상의 경력자를 구한다면 신중년적합직무 지원금을, 취약계층(고용촉진장려금 지원대상 취업지원프로그램 이수자, 중증장애인, 가족부양 책임있는 여성실업자 등)을 고용하는 경우에는 고용촉진장려금을 지원받을 수 있다. 기존에 비정규직으로 일하던 직원을 정규직으로 전환하는 경우에도 정규직선환지원금 신청이 가능하다.

물론 각 지원금별로 상시근로자 수 5명 이상에만 적용된다거나 채용 전에 사업 계획서를 제출하고 승인을 받아야 하는 등 세부요건이 조금씩 다르니 구체적인 지원금 요건은 별도로 정확한 확인이 필요하다.

조금만 관심을 가지면 생각보다 다양한 고용장려금이 있고, 정책의 변화로 새로운 장려금이 신설되고 사라지기도 한다. 최근에는 코로나바이러스로 인한 지원금이 이슈이다. 한시적으로 지원 요건도 완화되고 지원금도 상향되었다. 필요시 관심을 가지고 현행제도를 파악하여 상황에 맞는 지원금을 신청한다면 꼭 필요한 때 요긴하게 도움을 받을 수 있다. 사업장에 맞는 요건과 절차는 사전에 관할 고용센터 기업 지원팀의 문을 두드려보자. 두드리면 열릴 것이다.

관할고용센터 찾기

고용보험 홈페이지	www.ei.go.kr
고용노동부 민원마당	minwon.moel.go.kr

저자

• **홍희진**

  중앙대학교 법학과 졸업

  현) 가맹거래사 (공정거래위원회 등록번호 제696호)

  　홍희진 행정사 사무소 대표

  　행정사협동조합 다행 이사

PART VII

이럴 땐 어떻게 하나요?

프랜차이즈 창업에는 여러 가지 분쟁이 발생할 수 있다. 분쟁의 마지막 해결 방법은 소송인데, 소송은 오랜 시간과 비용이 들기 때문에 부담이 되는 것이 현실이다. 가장 확실한 해결 방식은 예방을 통해 분쟁을 미연에 방지하는 것이다. 이에 다양한 분쟁사례를 소개하고 해결방식을 적절히 제시하여, 프랜차이즈 창업자에게 분쟁을 예방할 수 있는 길을 제시하고자 한다.

· 가맹본부로부터 정보공개서를 받았는데 이걸 다 믿어야 할지 고민이다. 어떻게 확인해 볼 수 있을까?

가맹본부가 정보공개서에 실수로 내용을 빠뜨리거나 고의로 거짓된 내용을 넣는 경우가 있을 수 있다. 정부가 등록과정에서 정보공개서의 기재사항을 확인하고 있지만 그 내용의 사실 여부까지 판단하는 것은 아니기 때문이다. 정보공개서 내용을 신뢰할 수 없거나 확인하고자 할 경우 이미 창업을 해서 영업을 하고 있는 다른 가맹점사업자에게 가맹본부가 약속한 대로 정보공개서 내용대로 약속을 잘 지키는지를 물어보거나, 전문가인 가맹거래사에게 정보공개서의 내용은 물론 가맹본부의 신뢰도, 점포입지, 사업전망 등 다양한 사항에 대해 자문을 받을 수 있다.

가맹본부가 거짓되고 과장된 정보를 제공하는 경우에는 가맹금 반환이 가능하다. 다만 가맹계약 체결 전이나 가맹계약이 체결일로부터 4개월 이내, 또는 가맹본부가 정당한 사유 없이 가맹사업을 일방적으로 중단한 날로부터 4개월 이내에 가맹금 반환을 서면으로 요구해야 하고, 가맹사업자는 서면 요구를 받은 날로부터 1개월 이내에 가맹금을 반환해야 한다.

참고　　　「가맹사업거래의 공정화에 관한 법률」 제9조 제1항
　　　　　「가맹사업거래의 공정화에 관한 법률」 제10조 제1항

· **가맹계약서에서 반드시 확인해야 할 사항에는 무엇이 있을까?**

계약서에 기명, 날인은 정말 신중해야 한다. 일단 계약서에 서명을 하고 나면 그 내용대로 계약이 성립되기 때문에, 불합리한 조항이라고 해도 그 효력을 부인하기가 쉽지 않기 때문이다. 불만이 생기더라도 계약 기간 내에는 쉽게 계약을 해지할 수 없으며 해지로 인한 위약금을 지급해야 할 수도 있다. 따라서 계약서 내용을 꼼꼼하게 살피고, 불리한 조항을 수정한 다음에 계약을 체결해야 한다. 또한 계약서 내용과 정보공개서 내용에 차이가 있는 경우에는 반드시 가맹본부에 확인해야 한다. 「가맹사업거래의 공정화에 관한 법률」에서는 가맹희망자 또는 가맹자사업자의 권익 보호를 위해 가맹계약서에 포함되어야 할 사항을 정하고 있는데, 그 내용은 아래와 같다.

---

① 영업표지의 사용권 부여에 관한 사항

② 가맹점사업자의 영업활동 조건에 관한 사항

③ 가맹점사업자에 대한 교육 · 훈련, 경영지도에 관한 사항

④ 가맹금 등의 지급에 관한 사항

⑤ 영업지역의 설정에 관한 사항

⑥ 계약기간에 관한 사항

⑦ 영업의 양도에 관한 사항

⑧ 계약해지의 사유에 관한 사항

⑨ 가맹희망자 또는 가맹점사업자가 가맹계약을 체결한 날부터 2개월(가맹점사업자가 2개월 이전에 가맹사업을 개시하는 경우에는 가맹사업개시일)까지의 기간 동안 예치가맹금을 예치기관에 예치하여야 한다는 사항. 다만, 가맹본부가 제15조의2에 따른 가맹점사업자피해보상보험계약 등을 체결한 경우에는 그에 관한 사항으로 한다.

⑩ 가맹희망자가 정보공개서에 대하여 변호사 또는 제27조에 따른 가맹거래사의 자문을 받은 경우 이에 관한 사항

⑪ 가맹본부 또는 가맹본부 임원의 위법행위 또는 가맹사업의 명성이나 신용을 훼손하는 등 사회상규에 반하는 행위로 인하여 가맹점사업자에게 발생한 손해에 대한 배상의무에 관한 사항

⑫ 그 밖에 가맹사업당사자의 권리·의무에 관한 사항으로서 대통령령이 정하는 사항이다.

참고   「가맹사업거래의 공정화에 관한 법률」 제11조

· 가맹점사업자가 준수해야 할 사항들에는 어떤 것이 있나요?

가맹사업법이 가맹본부의 의무만 정하고 있는 것은 아니다. 가맹점사업자가 현저하게 질이 낮은 서비스를 한다거나, 브랜드와 전혀 상관이 없는 메뉴를 판매한다면, 가맹점 전체의 통일성을 해치고 브랜드 이미지에 손상을 주어 다른 가맹점사업자들이 피해를 볼 수 있기 때문이다. 가맹점사업자는 영업활동을 하며 다음과 같은 사항을 준수해야 한다. 다음 사항을 지키지 않는 경우 계약해지 사유가 될 수 있으며, 손해를 입힌 경우 손해배상책임을 지게 될 수도 있다.

---

① 가맹사업의 통일성 및 가맹본부의 명성을 유지하기 위한 노력

② 가맹본부의 공급계획과 소비자의 수요충족에 필요한 적정한 재고유지 및 상품진열

③ 가맹본부가 상품 또는 용역에 대하여 제시하는 적절한 품질기준의 준수

④ 품질기준의 상품 또는 용역을 구입하지 못하는 경우 가맹본부가 제공하는 상품 또는 용역의 사용

⑤ 가맹본부가 사업장의 설비와 외관, 운송수단에 대하여 제시하는 적절한 기준의 준수

⑥ 취급하는 상품·용역이나 영업활동을 변경하는 경우 가맹본부와의 사전 협의

⑦ 상품 및 용역의 구입과 판매에 관한 회계장부 등 가맹본부의 통일적 사업경영 및 판매전략의 수립에 필요한 자료의 유지와 제공

⑧ 가맹점사업자의 업무현황 및 자료의 확인과 기록을 위한 가맹본부의 임직원 그 밖 대리인의 사업장 출입허용

⑨ 가맹본부의 동의를 얻지 아니한 경우 사업장의 위치변경 또는 가맹점운영권의 양도 금지

⑩ 가맹계약 기간 중 가맹본부와 동일한 업종을 영위하는 행위의 금지

⑪ 가맹본부의 영업기술이나 영업비밀의 누설 금지

⑫ 영업표지에 대한 제3자의 침해사실을 인지하는 경우 가맹본부에 대한 영업표지침해사실의 통보와 금지조치에 필요한 적절한 협력

참고   「가맹사업거래의 공정화에 관한 법률」 제6조

· **동네에서 창업을 하려고 하는데, 나에게 필요한 인허가 내용을 미리 확인할 수 있을까?**

정부에서 제공하는 민원 24 홈페이지(www.monwon.go.kr)의 인허가 자가진단서비스를 이용하면, 편리하게 창업을 원하는 지역의 영업허가 사항을 확인할 수 있다.

위 생활공감지도 사이트를 방문하여 '인허가 자가진단' 메뉴를 선택한 뒤, '희망민원'에서 업종을 고르고 '희망지역'을 고른 다음, 사전상담 문한을 작성하면 규제지역진단결과를 볼 수 있다. 상세결과를 선택하면 희망지역 인허가 민원의 규제 정보와 건축물층별정보 법령정보 및 안내사항을 볼 수 있고, 결과지도를 선택하면 희망지역 인허가 민원에서 규제하는 지역에 포함되는지 여부를 확인할 수 있다.

· **자금과 일손이 부족해서 친구와 동업을 하기로 했다. 동업계약서를 꼭 써야 할까? 쓴다면 어떤 내용이 들어가야 할까?**

동업은 2명 이상이 금전이나 그 밖의 재산 또는 노무 등을 출자해 공동으로 사업을 영위하는 것을 의미하는데, 동업계약이 체결되면 그 공동체는 민법상 '조합'으로 불린다(민법 제703조 제1항). 동업은 인간적으로 가장 친밀한 사람들인 가족, 친척, 선후배, 친구와 하는 경우가 많다. 문제는 가깝고 믿는 사이이기 때문에 동업계약서를 따로 작성하지 않는 경우가 다수라는 점이다. 가까운 관계라고 하더라도, 각자 생각이 다르기 때문에 사업을 하다 보면 의견 충돌이 생기기 마련이고, 많은 동업계약은 깨지게 된다. 결국 서로의 생각은 다른데 정확하게 이를 정한 동업계약서는 없거나, 동업계약서가 있더라도 내용이 불명확하여 서로의 감정이 많이 상한 채로 소송까지 진행되는 경우가 많다. 이에 동업계약서는 모든 경우의 수를 고려하여 작성해야 한다.

　동업계약서에는 ① 동업하는 사업의 목적과 내용 ② 명칭 ③ 동업자의 성명 또는 상호, 주소 및 주민등록번호 ④ 주된 영업소의 소재지 ⑤ 조합원의 출자에 대관한 사항 ⑥ 조합원에 대한 손익분배에 관한 사항 ⑦ 조합원 지분의 양도에 관한 사항 ⑧ 조합원의 업무집행과 대리에 관한 사항 ⑨ 경업금지의무 ⑩ 조합의 해산 시 잔여재산 분재에 관한 사항 ⑪ 조합의 존속기간, 해산사유, 계약해지에 관한 사항 ⑫ 조합계약의 효력발생일 ⑬ 다툼이 있는 경우의 손해배상책임 ⑭ 관할 법원 ⑮ 그 외의 특약사항을 포함해야 한다.

　가장 중요한 것은 조합원에 대한 손익분배에 관한 조항인데, 이익에 대한 분배 방법과 손해·채무의 부담 방법을 명확하게 정해야 한다. 대부분 출자 지분에 따라 결정하지만, 따로 정하는 경우도 있을 수 있다.

　두 번째로 중요한 것은 조합원의 출자에 관한 사항인데, 출자 대상물이 명확하게 특정되어야 하고, 돈을 출자하는 경우 그 금액과 출자 일을 정확하게 기재해야 한다. 만약 출자한 현물이 중고자산이나 부동산이라면 시세를 반영한 평가금액을 정확하게 결정해서 기재해야 한다.

조합원 지분 양도에 관한 사항에서는 지분 양도가 가능한지, 그 방법은 무엇인지 구체적으로 정하고, 조합의 해산 시 잔여재산 분배에 관한 사항에서는 분배방법과 시기, 남은 채무의 분배 방법을 정한다. 또한 언제 계약을 해지할 수 있는지와 해지 방법도 명확하게 정해야 한다.

· **가맹본부가 가맹계약 내용을 위반하여 영업에 손해를 입었다. 어떻게 하면 보상을 받을 수 있을까?**

① 법원을 통해 민사상 손해배상을 청구하거나 ② 공정거래위원회에 신고하거나 ③ 한국공정거래조정원에서 설치·운영되고 있는 가맹사업거래분쟁조정협의회에 조정신청을 할 수 있다.

: 민사소송

가맹본부가 가맹사업거래에서 계약내용이나 법령을 위반하여 고의 또는 과실로 가맹점사업자에게 손해를 입힌 경우 가맹점사업자는 해당 가맹 본부를 상대로 민사소송을 제기할 수 있다. 소장에는 당사자(당사자가 법인인 경우, 정확한 법인명과 대표이사, 주소, 연락처를 기재해야 함), 청구취지(손해배상 원금과 지연손해금을 청구하는 문장), 청구원인(손해배상채권이 발생한 요건사실)을 기재한다. '대한민국법원 나홀로소송(https://pro-se.scourt.go.kr/)'에서 소장 서식을 참고할 수 있다.

접 수 인

소 　 장

사 건 번 호		
배당순위번호		
담　당	제	단독

사 건 명

원 　 고	(이름)	(주민등록번호　　-　　　)
	(주소)	(연락처)
1. 피 　 고	(이름)	(주민등록번호　　-　　　)
	(주소)	(연락처)
2. 피 　 고	(이름)	(주민등록번호　　-　　　)
	(주소)	(연락처)

소송목적의 값		원	인지		원

(인지첩부란)

청 구 취 지

1. (예시)피고는 원고에게 55,000,000원 및 이에 대하여 소장부본 송달 다음 날부터 다 갚는 날까지 연 12%의 비율로 계산한 돈을 지급하라.
2. 소송비용은 피고가 부담한다.
3. 제1항은 가집행할 수 있다.
라는 판결을 구함.

청 구 원 인

1.
2.
3.

입 증 방 법

1. 계약서
2.

첨 부 서 류

1. 위 입증서류　　각 1통
1. 소장부본　　　　1부
1. 송달료납부서　　1부

20 ．　 ．　 ．
위 원고　○○○　(서명 또는 날인)

* 출처 : 나홀로소송(https://pro-se.scourt.go.kr/)

휴대전화를 통한 정보수신 신청

위 사건에 관한 재판기일의 지정·변경·취소 및 문건접수 사실을 예납의무자가 납부한 송달료 잔액 범위 내에서 아래 휴대전화를 통하여 알려주실 것을 신청합니다.

☑ **휴대전화 번호 :**

　　　　　　　　　　　20 　 . 　 . 　 .

　　　　　　신청인　원고　　　　　　　　　 (서명 또는 날인)

※ 종이기록사건에서 위에서 신청한 정보가 법원재판사무시스템에 입력되는 당일 문자메시지로 발송됩니다(전자기록사건은 전자소송홈페이지에서 전자소송 동의 후 받침서비스를 신청할 수 있음).
※ 문자메시지 서비스 이용금액은 메시지 1건당 17원씩 납부된 송달료에서 지급됩니다(송달료가 부족하면 문자메시지가 발송되지 않습니다).
※ 추후 서비스 대상 정보, 이용금액 등이 변동될 수 있습니다.
※ 휴대전화를 통한 문자메시지는 원칙적으로 법적인 효력이 없으니 참고자료로만 활용하시기 바랍니다.

　　　　　　　　　　　　　　　　○○ 지방법원　귀중

◇유의사항◇
1. 연락처란에는 언제든지 연락 가능한 전화번호나 휴대전화번호, 그 밖에 팩스번호·이메일 주소 등이 있으면 함께 기재하여 주시기 바랍니다. 피고의 연락처는 확인이 가능한 경우에 기재하면 됩니다.
2. 첨부할 인지가 많은 경우에는 뒷면을 활용하시기 바랍니다.

사건명	사건의 이름을 기재한다. 가맹본부에게 손해배상을 청구하는 경우 손해배상(기)으로 기재하면 된다.
당사자표시	이름과 주민등록번호, 주소, 연락처 등을 정확하게 기재한다. 주소를 정확하게 알지 못하는 경우 핸드폰 번호를 기재하고, 통신사에 사실조회신청을 하여 피고의 주소를 파악할 수 있다.
청구취지	청구취지는 누구에게 어떠한 내용을 청구하는지, 즉 소장의 결론이 압축적으로 드러내는 부분이다. 원고 승소판결의 주문에 대응하는 내용을 가지며 주문에 대응하는 형식으로 적는 것이 보통이다.
청구원인	청구취지와 같은 결론을 이끌어 낼 수 있는 권리 또는 법률관계를 발생시키는 구체적인 사실관계를 말한다. 육하원칙에 따라 구체적으로 서술하되, 청구권의 관련된 내용 중심으로 저술할 필요가 있다.
입증방법	청구원인의 주장을 객관적으로 입증하는 자료를 의미한다. 주장이 아무리 설득력이 있다고 하더라도, 증거를 통해 입증하지 않으면 법원은 해당 주장을 인정할 수 없다. 원고는 (갑 제○호증)으로 표시하고, 피고는 (을 제○호증)으로 표시한다.
관할	일반적으로 민사소송은 민사소송법 제2조에 의거하여 피고의 보통재판적이 있는 곳의 법원이 관할하도록 되어있다. 사람은 피고의 주소지 또는 거소지로, 법인 및 그 밖의 사단 또는 재단은 사무소 또는 영업소 소재지, 사무소와 영업소가 없는 경우에는 주된 업무담당자의 주소를 보통재판적으로 한다. 재산권에 관한 소는 거주지 또는 의무이행지의 법원에서 제기할 수 있으므로, 손해배상 소송의 경우 원고의 주소지 관할에 소를 제기할 수 있다. 대한민국 법원 사이트에서 1심 관할을 검색할 수 있다(https://scourt.go.kr/region/location/RegionSearchListAction.work).

다만 소송은 전문가의 도움을 받는 것이 좋다. 의도치 않게 불리한 사

실을 자백하거나, 재판에 중요한 내용을 주장하거나 입증하지 않아 황망하게 패소하는 경우가 있기 때문이다.

민사소송에서 가장 어려운 것은 '손해를 입증하는 것'이다. 가맹사업법에 따르면, 손해액을 입증하는 것이 해당 사실의 성질상 극히 곤란한 경우에는 법원이 변론의 전체적인 취지와 증거조사의 결과에 기초하여 상당한 손해액을 인정할 수 있다.

∶ 공정거래위원회 신고

가맹본부가 정보공개서를 제공하지 않거나, 가맹금 예치를 하지 않거나, 가맹희망자에게 평균 매출액 등의 중요정보를 사실과 다르게 알려주거나, 부당하게 계약을 해지하거나 종료하는 경우, 거래를 강제하는 경우, 가맹사업자에게 정당한 사유 없이 점포환경개선을 강요하는 경우, 영업지역 안에 부당하게 직영점이나 가맹점을 설치한 경우 등은 불공정행위로 신고할 수 있다.

불공정거래 신고는 행정기관 민원서비스 통합에 따라 국민권익위원회에서 운영하는 국민신문고(www.epeople.go.kr)를 통해 서비스하고 있으며, 공정거래위원회 홈페이지(https://www.ftc.go.kr)에서는 익명제보만이 가능하다.

공정거래위원회 익명 신고 방법

① 공정거래위원회 홈페이지 상단의 '민원참여' 클릭

② '민원참여 〉 공정위에 익명제보하기 〉 하도, 유통, 가맹, 대리점 익명제보
센터' 클릭

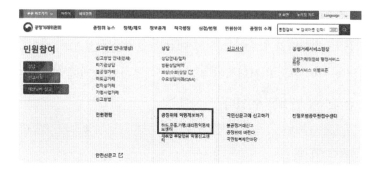

③ 가맹사업법 위반행위 클릭

제보하기

| 하도급법 위반행위 | 대규모유통업법 위반행위 | 가맹사업법 위반행위 | 대리점 위반행위 |

- 참고로 제보된 내용이 하도급법, 대규모유통업법 또는 가맹사업법의 적용대상이 아닌 경우, ② 내용 또는 대상이 명확하지 아니한 경우, ③ 이미 신고하거나 처리된 사건과 관련이 있는 경우, ④ 근거 없는 비방인 경우, ⑤ 타 부처 소관 법률과 관련된 사항 등의 경우에는 접수 및 처리하기 곤란하오니 유의하여 주시기 바랍니다.

- 부당한 공동행위 등 공정거래위원회 소관 다른 법률의 불공정행위와 관련된 신고 또는 제보는 불공정거래신고 [바로가기] 또는 국민신문고 [바로가기] 를 이용하시기 바랍니다.

④ 익명제보서 작성

[가맹사업법 분야 불공정거래 익명 제보서]

글 작성시 ✔ 표시된 항목은 꼭 기재해 주세요

제목 ✔		제목 입력		
불공정행위	회사명 ✔			
	대표이사		주소	
	관련부서		담당자 ✔	
불공정행위 날짜 ✔	날짜선택 📅 * 정확한 날짜를 모르는 경우 개략적으로 작성 가능 ([하도급법] 제23조 제1항에 따라 거래 종료일로부터 3년이 경과한 경우는 처리 불가)			
첨부파일	파일 선택 선택된 파일 없음			

불공정행위 내용 ✓	※ 앞서 열거한 불공정행위 유형을 참고하여 시기, 방법 등을 육하원칙에 따라 구체적으로 작성
공정거래위원회에 요청할 내용	※ 공정위가 사건을 처리하는 과정에서 제보인의 신원이 노출(추정)되지 않도록 하기 위해 요청할 사항 등을 기재

국민신문고 불공정거래 신고 방법

① 공정거래위원회 홈페이지 상단의 '민원참여' 클릭

② '민원참여 〉 국민신문고에 신고하기 〉 불공정거래신고' 클릭

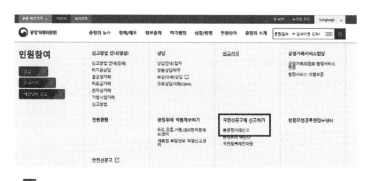

불공정거래신고

불공정거래, 하도급 약관, 표시광고, 방문판매(다단계포함), 전자상거래, 가맹사업거래에 있어서의 법위반행위

③ 신고서 작성

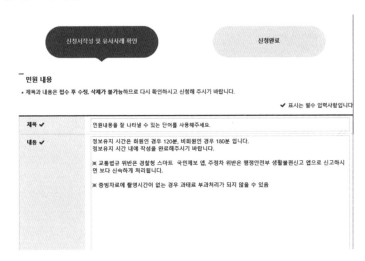

위와 같은 신고서를 작성할 때, 어떤 법 위반에 해당하는지 신고유형을 확인한 후, 신고내용을 육하원칙에 따라 적는다. 신고내용이 복잡하거나 관련 서류가 많은 경우에는 피신고인의 본사 소재지를 관할하는 공정거래위원회 지방사무소에 우편으로 신고하는 것이 좋다.

우편 신고서 서식

■ 공정거래위원회의 회의운영 및 사건절차 등에 관한 규칙 [별지 제4호 서식]

부당한 가맹사업거래행위 신고서

※ (*)표시항목은 의무사항이나 반드시 기재하여 주시고, 나머지 사항은 효율적인 심사를 위하여 가능한 기재하여 주시기 바랍니다.

신고인						
	성명(*)			생년월일(*)	
	주소(*)				
	연락처	전화번호(*)		휴대폰	
		팩스번호		이메일	
	피신고인과의 관계				
	신고인이 가맹사업자인 경우	가맹사업자명		사업자등록번호	
		사업장 주소(*)			
		가맹사업내용(*)		가맹점(*)	
		가맹계약일자(*)		가맹계약기간(*)	

피신고인				
	사업자명(*)		대표자 성명	
	주소 또는 전화번호(*)		관련부서 및 담당자	
	사업내용 또는 취급업종			
	피신고인의 연간 매출액			
	피신고인의 시장점유율			

신고내용(*)	신고서와 함께 제공되는 「부당한 가맹사업거래행위 신고서 작성안내」에 따라, 신고하고자 하는 내용을 가급적 6하 원칙에 맞게 기재하시고, 기재할 공간이 부족하면 별지에 작성하여 첨부하여 주시기 바랍니다.

분쟁조정여부(*)	[ ] 진행하였음([ ] 성립, [ ] 불성립·종결), [ ] 진행한 적 없음([ ] 조정희망, [ ] 조정불희망)
	※ 신고에 의한 사건처리의 경우 법위반행위 시정은 가능하나 직접적 피해구제를 원하는 경우 분쟁조정 신청이 더 적절한 수단임을 알려 드립니다. 다만, 본 신고서를 분쟁조정을 신청하여 조정이 불성립하여야 또 별도로 신고 없이 신고사건으로 진행됩니다.

증거자료	[ ] 있음 (※ 신고내용을 증빙하는데 도움이 되는 증거 자료가 있으면 첨부하여 주십시오.) [ ] 없음

신고인신분공개동의여부	[ ] 공개 [ ] 비공개 [ ] 사건 조치 후 공개

「가맹사업거래의 공정화에 관한 법률」 제37조 제1항 및 「공정거래위원회 회의 운영 및 사건절차 등에 관한 규칙」 제10조 제2항에 의하여 위와 같이 신고합니다.

년 월 일

신고인 : (서명 또는 인)

공정거래위원회위원장 귀하

백상지(80g/m²) 또는 중질지(80g/m²)

공정거래위원회 신고는 아래와 같은 절차를 거치며, 공정거래법 및 가맹사업법 위반 사실이 확인되는 경우 공정거래위원회는 가맹본부에게 시정권고, 시정명령 및 과징금을 부과할 수 있다.

공정거래위원회 신고 처리 절차

1. 인지단계	2. 조사단계	3. 위원회상정	4. 위원회심의
- 직권인지 - 신고 ▶ 실제 신고할 경우	- 사건착수보고 - 조사권발동 - 조사후 사건처리 종결 or 위원회 상정 결정	- 사무처장 결재 후 위원회 상정 - 심의일 확정·통보	- 피심안과 심사관을 출석시켜 사실관계 등 확인 - 양자간 주장, 위원들 질문이 끝나고 심사관조치의견 발표후 피심인 최후진술

5. 합의단계	6. 의결	7. 의결서 송달	8. 불복절차
- 위원들간 위법여부, 조치 내용 등 논의·합의	- 합의를 한 후 위원들이 자기의 견해에 따라 서명 날인	- 의결서 정본을 피심인에게 송달 - 피심인의 의무발생 또는 권리행사 제한 ▶ 의결서를 검색하고 싶은 경우	- 의결서 송달 받은날로부터 30일이내 이의신청 or 행정소송 제기

: 분쟁조정 신고

분쟁조정을 신청하려면 반드시 한국공정거래조정원에 서면으로 해야 하며, 구두나 전화로는 신청할 수 없다. ① 분쟁조정신청서 ② 분쟁조정신청의 원인 및 사실을 증명하는 서류 ③ 대리인이 신청하는 경우 그 위임장 ④ 그 밖의 분쟁조정에 필요한 증거서류 또는 자료를 가맹사업거래분쟁조정협의회에 제출해야 한다.

한국공정거래조정원 인터넷 분쟁조정 신청 방법

한국공정거래조정원 홈페이지(http://www.kofair.or.kr) 상단의 '분쟁조정 〉 분쟁조정신청 〉 가맹사업거래분쟁조정신청' 클릭

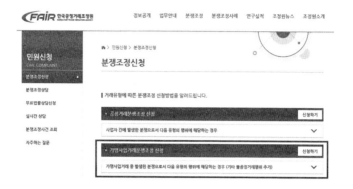

가맹사업자가 가맹본부를 공정거래위원회에 신고한 경우에도 분쟁조정위원회에 조정을 의뢰할 수 있으나, 이미 당사자가 법원에 소를 제기한 경우에는 조정이 불가하다. 분쟁조정의 신청은 시효중단의 효력이 있으나, 분쟁조정이 이루어져 조정조서가 작성되거나, 조정이 이루어지지 않고 조정절차가 종료될 때 시효는 새롭게 진행되며, 신청이 취하되거나 각하되는 경우에는 시효중단의 효력은 없다. 이 경우에도 6개월 이내에 재판상 청구 파산절차참가, 압류 또는 가압류, 가처분을 한 때에는 시효는 최초의 분쟁조정의 신청으로 인하여 중단된 것으로 본다.

분쟁조정 절차*

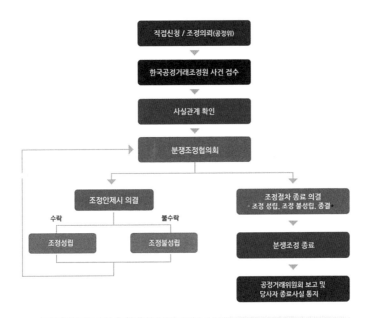

- 취하, 소제기, 각하, 조정안 미제시 등 관련 법령 등에 의하여 조정절차를 종료한 경우
- 조정이 성립되지 않은 경우, 피신청인의 관련 법률 위반 여부를 확인하고 싶은 신청인은 조정원의 통지 공문 내용에 따라 공정거래위원회에 신고서 제출

　　조정을 신청하면 분쟁조정위원회는 양측을 불러 사실관계를 조사하고, 스스로 협의할 수 있도록 권고한다. 양측의 입장 차이가 너무 커서 조정가능성이 없으면, 조정안을 제시하지 않고 바로 공정거래위원회에 보고하고, 공정거래위원회의 조사가 이루어진다. 반면, 분쟁조정협의회의 의결을 통해 조정안을 제시하는 경우도 있다. 조정안을 당사자가 수용하면 조정이 성립된다. 분쟁조정협의회에서 작성된 조정조서는 '재판상 화해'와 같은 강제력이 부과되지 않는다. 따라서 합의사항을 이행하지 않는 경우, 강제집행을 하기 위해 다시 법원에 소를 제기해야 한다. 조정안을

* 한국공정거래조정원(http://www.kofair.or.kr)

거부하면 조정불성립으로 분쟁조정절차를 종료하고 공정거래위원회에서 조사를 개시한다.

참고   「가맹사업거래의 공정화에 관한 법률 시행령」 제19조
「독점규제 및 공정거래에 관한 법률」 제56조 제1항, 제57조
「가맹사업거래의 공정화에 관한 법률」 제22조 제1항, 제37조의 2

· **가맹본부로부터 일방적인 계약 해지를 통보를 받았는데, 어떻게 해야 할까?**

가맹본부는 가맹점사업자와의 가맹계약을 해지하려고 하는 경우에는 2개월 이상의 유예기간을 두고 ① 구체적인 계약위반 사실 ② 그 위반사실을 고치지 않으면 계약을 해지한다는 사실을 서면으로 2회 이상 가맹점사업자에게 통지해야 한다. 위 절차를 지키지 않은 해지는 무효이다. 다만, 다음의 어느 하나에 해당하는 경우에는 통지하지 않고 가맹계약을 해지할 수 있다.

1. 맹점사업자가 파산 신청을 하거나 강제집행절차 또는 회생절차가 개시된 경우
2. 가맹점사업자가 발행한 어음·수표가 부도 등으로 지불 정지된 경우
3. 천재지변, 중대한 일신상의 사유 등으로 가맹점사업자가 더 이상 가맹사업을 경영할 수 없게 된 경우
4. 가맹점사업자가 가맹점 운영과 관련되는 법령을 위반하여 다음의 어느 하나에 해당하는 행정처분을 받거나 법원 판결을 받음으로써 가맹본부의 명성이나 신용을 뚜렷이 훼손하여 가맹사업에 중대한 장애를 초래한 경우
   ① 그 위법사실을 시정하라는 내용의 행정처분
   ② 그 위법사실을 처분 사유로 하는 과징금·과태료 등 부과처분
   ③ 그 위법사실을 처분 사유로 하는 영업정지 명령

5. 가맹점사업자가 가맹점 운영과 관련되는 법령을 위반해 자격·면허·허가 취소 또는 영업 정지 명령(15일 이내의 영업정지 명령을 받은 경우 제외) 등 그 시정이 불가능한 성격 의 행정처분을 받은 경우(법령에 근거해 행정처분에 갈음하는 과징금 등의 부과 처분을 받은 경우 제외)

6. 가맹점사업자가 가맹본부의 시정요구에 따라 위반사항을 시정한 날부터 1년(계약갱신 이나 재계약된 경우에는 종전 계약기간에 속한 기간 합산) 이내에 다시 같은 사항을 위 반한 경우(가맹본부가 시정 요구한 사항을 다시 1년 이내에 위반한 경우 가맹계약의 해 지절차를 거치지 않고 가맹계약이 해지될 수 있다는 사실을 미리 고지하지 않은 경우는 제외)

7. 가맹점사업자가 가맹점 운영과 관련된 행위로 형사처벌을 받은 경우

8. 가맹점사업자가 뚜렷이 공중의 건강이나 안전에 급박한 위해를 일으킬 염려가 있는 방 법이나 형태로 가맹점을 운영하고 있으나, 행정청의 시정조치를 기다리기 어려운 경우

9. 가맹점사업자가 정당한 사유 없이 연속하여 7일 이상 영업을 중단한 경우

참고   「가맹사업거래의 공정화에 관한 법률 시행령」 제15조
        「가맹사업거래의 공정화에 관한 법률」 제14조

· 가맹계약 종료 6개월 전부터 계약 갱신을 요청했다. 그런데 계약 기간이 한 달밖에 남지 않은 지금 가맹본부에서 계약해지를 통보했는데, 어떻게 대응해야 할까?

질의자는 「가맹사업거래의 공정화에 관한 법률」에 따라 가맹계약의 갱신요구권을 행사하였고, 해당가맹거래는 묵시적으로 갱신되었으므로, 계약 만료 전의 계약과 같은 조건으로 다시 계약이 체결된 것과 같은 효력이 발생한다. 따라서 가맹본부에 계약의 갱신을 주장할 수 있다.

: 가맹사업자의 갱신요구권

가맹점사업자는 가맹계약의 기간이 만료하기 전 180일부터 90일까지의 사이에 가맹본부에게 가맹계약의 갱신을 요구할 수 있다. 이때 가맹본부는 정당한 사유 없이 갱신을 거절할 수 없다. 다만, 다음의 어느 하나에 해당하는 경우에는 그렇지 않다. 가맹점사업자의 계약갱신요구권은 최초 가맹계약 기간을 포함한 전체 가맹계약 기간이 10년을 초과하지 않는 범위 내에서만 행사할 수 있다.

① 가맹점사업자가 가맹계약상의 가맹금 등의 지급 의무를 지키지 않은 경우
② 다른 가맹점사업자에게 통상적으로 적용되는 계약조건이나 영업방침을 가맹점사업자가 수락하지 않은 경우
③ 가맹사업의 유지를 위하여 필요하다고 인정되는 다음의 어느 하나에 해당하는 가맹본부의 중요한 영업방침을 가맹점사업자가 지키지 않은 경우
가. 가맹점의 운영에 필요한 점포·설비의 확보나 법령상 필요한 자격·면허·허가의 취득에 관한 사항
나. 판매하는 상품이나 용역의 품질을 유지하기 위하여 필요한 제조공법 또는 서비스기법의 준수에 관한 사항
다. 가맹본부의 가맹사업 경영에 필수적인 지식재산권의 보호에 관한 사항
라. 가맹본부가 가맹점사업자에게 정기적으로 실시하는 교육·훈련의 준수에 관한 사항(다만, 가맹점사업자가 부담하는 교육·훈련 비용이 같은 업종의 다른 가맹본부가 통상적으로 요구하는 비용보다 뚜렷하게 높은 경우는 제외함).

: 가맹계약의 묵시적 갱신

가맹점사업자의 가맹계약 갱신 요구를 받은 날부터 15일 이내에 거절사유를 적은 서면으로 갱신 거절의 통지를 하지 않은 경우나 가맹계약 기간 만료 전 180일부터 90일까지 사이에 조건 변경에 대한 통지나 프랜차이즈 계약을 갱신하지 않는다는 사실의 통지를 서면으로 하지 않은 경

우에는 계약 만료 전의 계약과 같은 조건으로 다시 계약을 체결한 것으로 본다. 다만, 다음에 해당하는 경우에는 같은 조건으로 다시 프랜차이즈 계약을 체결한 것으로 보지 않는다.

---

① 체인점사업자가 계약이 만료되기 60일 전까지 이의를 제기하는 경우
② 가맹본부나 가맹점사업자에게 파산 신청이 있거나 강제집행절차 또는 회생절차가 개시된 경우
③ 가맹본부나 가맹점사업자가 발행한 어음·수표가 부도 등으로 지급 거절된 경우
④ 가맹점사업자에게 중대한 일신상의 사유 등이 발생하여 더 이상 가맹사업을 경영할 수 없게 된 경우
⑤ 천재지변의 사유로 갱신할 수 없는 경우

참고 「가맹사업거래의 공정화에 관한 법률 시행령」 제14조 제2항
「가맹사업거래의 공정화에 관한 법률」 제13조 제4항

· **거금을 들여서 프랜차이즈를 창업했는데, 바로 주변에 디자인과 매뉴가 비슷한 브랜드가 근처에 오픈했다. 매출 하락이 예상되는데 어떻게 해야 하는지?**

상표 내지 영업 표지를 유사하게 베낀 경우에는 부정경쟁방지법상 상품주체 혼동행위 또는 영업주체 혼동행위에 해당할 수 있다. 따라서 가맹본부는 원조 브랜드를 따라한 경쟁업체에 손해배상을 청구할 수 있으며, 당장 베낀 메뉴나 인테리어를 사용할 수 없도록 영업금지 가처분 또는 상표권 침해 금지 등 가처분을 제기할 수 있다. 다만, 원조 브랜드의 상표가 등록되어있고, 인테리어 등에 디자인권이 등록되어 있는 것이 더 유리하므로, 가맹계약체결 시 이를 확인하는 것이 좋다.

외식업의 특성상 어떠한 메뉴가 화제가 되고 특정 브랜드가 인기를 끌면 원조 브랜드를 따라한 경쟁업체들이 우후죽순 생겨나기 마련이다. 그러나 이러한 유사브랜드의 난립으로 인해 경쟁이 과도하게 심화되고, 결국 원조 브랜드까지 경영상 어려움으로 인해 폐업하게 되는 경우가 있다. 그러나 최근 법원에서는 베끼기 브랜드의 모방행위에 철퇴를 가하는 판결이 나오고 있다. 차돌박이+돌초밥/쫄면 등의 메뉴를 개발한 '이차돌'은 같은 콘셉트의 '일차돌'에 대해 '상표권 침해금지 등 가처분'을 제기하였고, 서울지방법원은 "일차돌은 이차돌을 베낀 간판 및 매장 인테리어, 사이드 메뉴 등을 함께 사용할 수 없다"는 결정을 내린 바 있다(서울지방법원 2018.10.23. 선고 2018가합157). 이에 대해 일차돌 측은 "메뉴를 100원 낮추었으니 더 이상 침해가 아니다."라고 주장하면서 기존 지점들에 대해서는 아무런 조치를 하지 않았다. 이에 이차돌은 일차돌 본사 및 2개 지점 점주를 대상으로 부정경쟁방지법 가처분 신청을 다시 진행하고 있다. 이차돌은 최근 '일차돌' 외에 또 다른 카피 브랜드 '도쿄차돌'과도 법적 소송을 제기하여 승소했으며, 현재 '꽃차돌', '전차돌' 등 나머지 카피 브랜드에 대한 민형사상 소송을 준비 중에 있다.

- **시설물이 그렇게 낡지도 않았는데 가맹본사가 전액 가맹사업자 부담으로 리모델링을 강요하고 있다.**

한 치킨브랜드 가맹 본부가 75명의 점주에게 인테리어를 재단장해야만 재계약이 된다며 사실상 공사를 강요한 적이 있다. 비용은 전부 업주에게 부담시키고, 자발적 의사로 오래된 매장을 리뉴얼한다는 내용의 문서까지 작성토록 했다. 그러나 공정거래위원회는 가맹본부에 가맹사업법 위반으로 5억 원 넘는 피해금을 지급하라는 명령과 함께 과징금 3억 원을 부과했다.

가맹사업거래의 공정화에 관한 법률(이하 '가맹사업법')은 정당한 사유 없이 점포환경개선을 강요하는 것을 금지하고 있다(가맹사업법 제12조의 2 제1항). 정당한 사유는 점포의 시설, 장비, 인테리어 등의 노후화가 객관적으로 인정되거나 위생 또는 안전의 결함이나 이에 따르는 사유로 가맹사업의 통일성을 유지하기 어렵거나 정상적인 영업에 현저한 지장을 주는 경우를 뜻한다.

또한 가맹본부는 인테리어 비용의 일정 금액을 부담해야 한다. 가맹본부는 가맹사업자의 점포환경개선에 드는 비용인 간판 교체비, 인테리어 공사비의 40% 이내의 범위에서 부담해야 하는데, 점포의 확장 또는 이전을 수반하지 않는 점포환경개선의 경우 20%, 점포의 확장 또는 이전을 수반하는 점포환경개선의 경우 40%로 정해져 있다. 단, 가맹본부의 권유 또는 요구가 없이 가맹점사업자의 자발적인 의사로 점포 환경을 개선하거나, 가맹점사업자의 귀책사유로 위생·안전 등의 문제가 발생해 불가피한 경우에는 가맹점사업자가 전액 부담하여 점포 환경을 개선해야 한다.

또한 가맹사업법 제12조와 시행령에 따르면, 특정 상대방과 거래할 것을 강제하는 행위는 원칙적으로 금지하고 있으므로, 가맹사업자는 이를 근거로 인테리어 업체 지정을 거부할 수 있다.

· **가맹점 창업을 하면서 본사매뉴얼에 따라 인테리어를 하게 되었다. 가맹본사가 인테리어 업체를 직접 지정하는데, 비용이 만만치 않다. 다른 곳으로 바꿀 수는 없을까?**

가맹사업법 제12조와 시행령은 설비·원재료 등의 구매·판매와 관련, 부당하게 가맹 점주에게 가맹 본부를 포함한 특정 상대방과 거래할 것을 강제하는 행위를 원칙적으로 금지하고 있다. 다만 프랜차이즈 상품의 고유한 맛을 내기 위해 특정 식재료 사용을 강제하는 것처럼 경영에 필수적이라는 사유가 객관적으로 인정될 경우는 예외로 한다. 한 피자 프랜차이즈 가맹점주는 본사가 제공하는 치즈 대신 외부에서 이를 구매해 썼다가 가맹계약 해지를 당했는데, 법원은 이를 "적법하다."고 판결했다. 그러나 인테리어는 특정 상대방과 거래하는 것이 필수적인 객관적 사유가 인정되지 않으므로, 가맹본사의 특정 인테리어 업체 강요행위는 가맹사업법 위반으로 볼 여지가 높다.

· **가맹본부에서 제공하는 식재료와 물품들이 비싼 것 같다. 그냥 다른 곳에서 사서 쓰면 안 되는 걸까?**

프랜차이즈 가맹본부는 가맹점사업자에게 핵심적인 물품을 유통하여 생기는 수익을 가맹금보다 주된 수익으로 삼는 경우가 많다. 커피원두, 식재료, 식기 등의 물품이 시중보다 비싸거나 질이 좋지 않은 경우 불만이 생기고 문제가 발생한다. 가맹본부가 자신을 비롯하여 특정한 거래 상대방과 부동산·용역·설비상품·원재료 또는 부재로의 구매·판매를 강요하는 것은 불공정거래행위이다(가맹사업법 제12조 제1항, 시행령 제13조, 별표 2). 그러나 ① 가맹사업을 경영하는 데 필수적이라고 객관적으로 인정될 경우와 ② 특정한 거래 상대방과 거래하지 않으면 상품 또는 용역의 동일성을 유지하기 어렵다는 사실이 객관적으로 인정될 때에는 가맹본부가 지정하는 업체만을 이용해서 물품을 제공하도록 강제할 수 있다. 이를 가맹점사업자가 반복하여 위반한다면, 가맹본부는 계약을 해지할 수 있다. 그러나 '프랜차이즈'에 필수적이지 않은 물품과 부수적인 물품에 대한 구매를 제한한다면, 이는 불공정거래행위로 볼 수 있다.

- **내 사업장에서 주방장으로 일하던 사람이 내 레시피를 가지고 다른 브랜드 창업을 했는데, 어떻게 대처해야 하나?**

대법원은 "경쟁자가 상당한 노력과 투자에 의하여 구축한 성과물을 상도덕이나 공정한 경쟁질서에 반하여 자신의 영업을 위하여 무단으로 이용함으로써 경쟁자의 노력과 투자에 편승하여 부당하게 이익을 얻고 경쟁자의 법률상 보호할 가치가 있는 이익을 침해하는 행위는 부정한 경쟁행위로서 민법상 불법행위에 해당한다"고 판시하였다(대법원 2010.8.25. 자 2008 마1541 결정). 따라서 레시피를 표절하거나 도용한 경우에도 부정경쟁방지법이 금지하는 부정경쟁행위에 해당할 수 있다. 직원이 레시피를 도용한 경우, 영업비밀침해죄, 부정경쟁방지법 위반죄 등의 형사 책임을 물을 가능성이 있다. 아울러 직원이 영업비밀을 유출한 것이므로, 전직금지가처분을 할 수 있다. 전직금지가처분은 본안 소송의 결론이 날 때까지 해당 직원이 옮긴 매장에서 일을 할 수 없도록 법원이 임시로 지위를 정해주는 것 해주는 것이다.

다만 영업비밀 침해죄의 경우, 레시피가 영업비밀임을 입증하기가 쉽지 않다. 이 경우 '영업비밀원본증명제도'를 이용하면 편리하다. 영업비밀보호법 제9조의 2 제3항에 따르면, 영업비밀원본을 증명한 경우 ① 영업비밀원본 등록 당시 등록자가 해당 영업비밀을 보유하고 있는 것으로 추정하고 ② 등록자가 해당 전자문서 기재 내용대로 보유하고 있는 것으

로 추정한다. 영업비밀원본증명제도는 특허청 영업비밀보호센터(https://
www.tradesecret.or.kr/)에서 신청할 수 있다. 그 방법은 아래 그림과 같다.

◆ 서비스 이용절차

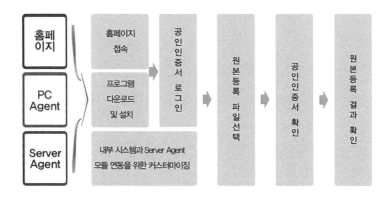

· **배달앱에서 지속적으로 우리 가게를 비방하는 사람이 있다. 준 서비스를
주지 않았다고 하기도 하고, 골치가 아프다. 해결할 방법이 없을까?**

배달앱에서의 솔직한 평가 자체를 법적으로 대응하기는 어렵다. 그러
나 누군가가 음식과 서비스에 대한 평가가 아닌, 법인, 대표, 직원에 대한
'사실을 적시' 하여 명예를 훼손하는 경우 명예훼손죄가 성립하는데, 댓
글을 통해 익명성을 이용하여 특정인을 모욕하고 명예훼손을 하는 경우,
사이버명예훼손죄가 성립한다(정보통신망법 제70조). 소위 '악플'이 여기에
해당한다. 사이버명예훼손죄가 성립하기 위해서는 ① 정보통신망을 이용
해야 한다. 즉, 인터넷 포털사이트 또는 커뮤니티 사이트, 인터넷 기사에
타인의 명예를 훼손하는 댓글 또는 게시물을 게시하는 행위를 해야 한
다. ② 비방의 목적이 있어야 한다. 루머를 만들어가 기존의 루머를 다시 배
포하는 등 비방 목적이 인정되어야 한다. 단, 공익과 관련된 진실한 사실

을 적시하였다면 비방 목적을 인정받지 못할 수 있다. ③ 공연성이 있어야 한다. 다수나 불특정이 인식할 수 있는 상태여야 한다. 따라서 대화방이나 1:1 게시판 등에서 일어난 행위는 처벌할 수 없다. ④ 피해자의 의사에 반하여 처벌할 수 없는 반의사불벌죄이다. 또한 이용자는 정보통신서비스 제공자에게 삭제나 임시조치 등을 요구할 수 있다. 사이버명예훼손죄가 입증되는 경우, 3년 이하의 징역 또는 3천만 원 이하의 벌금에 처할 수 있다. 만약 적시한 내용이 허위일 경우, 가중 처벌되어 7년 이하의 징역 또는 10년 이하의 자격정지, 5천만 원 이하의 벌금형에 처할 수 있다.

· **본사가 지원과 교육을 거의 해주지 않고, 신경도 쓰지 않고 있다.**

가맹본부는 가맹사업자에게 영업 지원을 할 의무가 있다. 가맹사업법 제5조는 가맹본부의 ① 가맹사업의 성공을 위한 사업구상 ② 상품이나 용역의 품질관리와 판매기법의 개발을 위한 계속적인 노력 ③ 가맹점사업자에 대하여 합리적 가격과 비용에 의한 점포 설비의 설치, 상품 또는 용역 등의 공급 ④ 가맹점사업자와 그 직원에 대한 교육·훈련 ⑤ 가맹점사업자의 경영·영업활동에 대한 지속적인 조언과 지원 ⑥ 가맹계약 기간 중 가맹점사업자의 영업지역 안에서 자기의 직영점을 설치하거나 가맹점사업자와 유사한 업종의 가맹점을 설치하는 행위의 금지 ⑦ 가맹점사업자와의 대화와 협상을 통한 분쟁해결 노력의 의무가 명시되어 있다. 따라서 가맹본부가 위 가맹사업법상의 의무를 이행하지 않는 경우, 가맹사업자는 위 계약을 해지할 수 있으며, 손해배상으로 가맹비 일부 반환을 청구할 수 있다.

· **가맹본사가 광고 판촉비를 청구하였는데, 너무 높게 책정된 것 같아서 확**

인하고 싶다.

가맹사업법 제12조에 따르면, 가맹본부는 가맹점사업자가 비용의 전부 또는 일부를 부담하는 광고나 판촉행사를 실시한 경우 그 집행 내역을 가맹점사업자에게 통보하고 가맹점사업자의 요구가 있는 경우 이를 열람할 수 있도록 하여야 한다. 따라서 위 조항에 근거하여 가맹사업자는 가맹본부의 광고나 판촉행사의 집행 내역을 열람할 수 있다.

· **가맹본부가 일방적으로 영업지역을 분할을 요구하다가, 제 영업지역 내에 추가 가맹점을 개설했다.**

가맹사업법 제11조 제2항 제5호에 따르면, 가맹계약서에는 영업지역 설정에 관한 사항을 반드시 기재하도록 되어 있다. '영업지역'이란 가맹점사업자가 가맹계약에 따라 상품 또는 용역을 판매하는 지역을 뜻한다. 가맹사업법 제5조 제6호에 따르면, 가맹본부는 정당한 사유 없이 가맹점사업자와 동일한 업종의 직영점이나 가맹점을 해당 영업지역에 설치할 수 없다. 예외적으로 허용되는 정당한 사유는 ① 재건축, 재개발 또는 신도시 건설 등으로 상권에 급격한 변화가 발생하는 경우 ② 해당 상권의 거주 인구 또는 유동 인구가 현저히 변동되는 경우 ③ 소비자의 기호 변화 등으로 해당 상품·용역에 대한 수요가 현저히 변동되는 경우 ④ 위 사유에 준하는 경우로서 기존 영업지역을 그대로 유지하는 게 현저히 불합리하다고 인정되는 경우 등 상권의 급격한 변화가 발생하는 경우가 있다.

가맹사업법 제12조 제1항 4호에는 '가맹본부가 가맹계약을 위반하여 가맹점사업자의 영업지역 내에 자기 또는 계열회사의 동일한 업종의 가맹점을 설치하는 행위'를 불공정거래행위로 규정함으로써 가맹점사업자의 영업지역을 보호하고 있다. 따라서 이 경우, 가맹사업자는 가맹본부를 공정거래위원회에 신고할 수 있으며, 가맹사업거래분쟁조정협의회에 조정신청을 할 수 있으며, 계약 해지를 할 수 있고, 민사상 손해배상을 청구할 수 있다.

· **가맹본부가 24시간 영업을 하라고 하는데, 매출도 잘 나오지 않고 체력적으로도 너무 힘들다. 매장의 영업시간을 자유롭게 정해도 괜찮을까?**

가맹사업법 제12조의 3 제1항에 따르면, 가맹본부가 정상적인 거래 관행에 비추어 부당하게 가맹점사업자의 영업시간을 구속하는 행위는 금지된다. ① 가맹점사업자의 점포가 위치한 상권 특성 등의 사유로 오전 1시부터 오전 6시 심야시간대의 매출이 그 영업에 드는 비용보다 저조하여 직전 6개월 동안 영업손실이 발생하여 가맹점사업자가 영업시간 단축을 요구함에도 이를 허용하지 않는 행위나 ② 가맹점사업자가 질병의 발병과 치료 등 불가피한 사유로 최소한의 범위에서 영업시간 단축을 요구함에도 이를 허용하지 않는 행위는 부당한 영업시간 구속행위이다.

· **얼마 전 신메뉴를 개발했다. 현재 운영하는 프랜차이즈 가맹본부의 메뉴와 다른데, 팔아도 괜찮을까?**

가맹본부가 가맹점사업자에게 지정된 상품만을 팔게 하거나 거래 상대방에 따라 상품 또는 용역의 판매를 제한하면 이는 불공정행위에 해당한다. 그러나 ① 가맹본부의 상표권을 보호하기 어렵고 상품 또는 용역의 동일성을 유지하기 어렵다는 사실이 객관적으로 인정되거나 ② 가맹본부가 미리 정보공개서를 통해 가맹점사업자에게 해당 사실을 알리고 계약을 체결한 경우에는 상품 판매 제한이 가능하다.

즉, 미리 공개된 정보공개서에 지정된 상품·용역만을 판매해야 한다는 규정이 있다면 새로운 메뉴 판매는 불가능한 것이다. 따라서 계약 체결 시 새로운 메뉴를 개발하여 판매할 수 있도록 가맹본부와 협의하고, 가맹계약서에 특약을 두어야 신메뉴 판매가 가능하다.

· 우리 가게 음식을 먹고 식중독이 발생했다고 민원이 들어왔다.

음식점에서 만든 음식을 먹고 식중독 등에 걸린 경우, 해당 음식물이 인체에 건강을 해치거나 해할 우려가 있는 음식물에 해당하면 위해식품 판매 금지 의무를 위반한 것으로 볼 수 있다. 위해식품 등의 판매 등 금지 의무를 위반한 경우에는 10년 이하의 징역 또는 1억 원 이하의 벌금에 처해지거나 징역과 벌금이 병과될 수 있다(「식품위생법」 제94조 제1항 제1호). 위해식품 등의 판매 등 금지 의무 위반에 따라 금고 이상의 형을 선고받고 그 형이 확정된 후 5년 이내에 다시 이를 위반한 경우에는 1년 이상 10년 이하의 징역에 처해진다(「식품위생법」 제94조 제2항). 또한 조리사가 식중독이나 그 밖에 위생과 관련한 중대한 사고 발생에 직무상의 책임이 있는 경우에는 그 면허가 취소되거나 6개월 이내의 업무정지 처분을 받을 수 있다(「식품위생법」 제80조 제1항 제3호). 다만, 위 음식이 가맹본부로부터 제공받은 음식이라면, 가맹본부에게 1차적 책임이 있으며, 제품의 입고 시 검수, 운반, 보관 시 냉동제품의 온도관리를 소홀히 한 유통업체도 책임이 있다. 따라서 가맹사업자는 가맹본부와 유통업체의 책임을 적극적으로 입증할 필요가 있다.

· 프랜차이즈를 창업하고 열심히 했지만 매출이 좋지 않다. 계속 적자인 상황이라 폐업을 결정했는데, 가맹계약을 중도해지 할 수 있을까?

어려운 경기와 과잉경쟁으로 인하여 폐업하는 프랜차이즈 소상공인이 매우 많다. 5년 안에 살아남는 소상공인이 20% 정도라고 하니, 그 문제가 정말 심각하다. 어려워서 문을 닫는 마당에 막대한 위약금까지 물어야 한다면, 그 손해가 너무 크다. 가맹사업법은 프랜차이즈 소상공인을 보호하고자, 계약의 목적과 내용, 발생할 손해액의 크기, 당사자 간 귀책 사유 등 정도를 살펴 해당 업종의 정상적인 거래 관행으로 정하는 기준보다 과중한 위약금을 부과하는 등 가맹점사업자에게 부당하게 손해배상 의무를 부담시키는 것을 불공정거래행위로 보고 금지하고 있다(가맹사업법 제12조 제1항).

과중한 위약금 설정이 되어 있는 계약을 체결했다가 중도해지를 해야 하는 불가피한 상황이 생긴다면, 공정거래위원회 신고를 통해 다투어보거나 민사소송을 통해 위약금을 다투어야 한다. 그러나 확정적으로 체결된 계약을 다투는 것은 쉽지 않으므로, 가맹계약을 체결할 때부터 위약금 규정을 잘 보고 과도하게 높은 경우 이를 수정하여 계약을 체결해야 한다.

· 순수익이 550만 원이라고 해서 가맹계약을 체결했는데, 순익은커녕 적자만 나고 있어서 프랜차이즈 계약을 해지하려고 한다. 가맹금을 돌려받는 방법이 없을까?

허위·과장정보 제공을 이유로 계약을 해지하고 가맹금의 반환을 청구할 수 있으며, 손해배상책임을 물을 수 있다. 가맹사업법 제10조에 따르면, 가맹희망자나 가맹점사업자는 아래 사항의 경우에 가맹본부에 가맹금의 반환을 요구할 수 있고, 이 경우 가맹본부는 1개월 이내에 가맹금을 반환해야 한다.

---

① 가맹본부가 등록된 정보공개서를 제공하지 않았거나 정보공개서를 제공한 날부터 14
일(가맹점희망자가 정보공개서에 대해 변호사나 가맹상담사의 자문을 받은 경우는 7
일)이 지나지 않았음에도 가맹금을 수령하거나 가맹계약을 체결한 경우로서 가맹희망
자 또는 가맹점사업자가 가맹계약 체결 전 또는 가맹계약의 체결일부터 4개월 이내에
가맹금의 반환을 요구하는 경우

② 가맹본부가 가맹희망자에게 거짓이나 과장된 정보를 제공하거나 중요한 사항을 빠뜨리
고 제공한 경우로서 가맹희망자가 가맹계약 체결 전에 가맹금의 반환을 요구하는 경우

③ 가맹본부가 가맹희망자에게 거짓이나 과장된 정보를 제공하거나 중요한 사항을 빠뜨
리고 제공한 경우 그 내용이 계약 체결에 중대한 영향을 준 것으로 인정되어 가맹점사
업자가 가맹점계약의 체결일부터 4개월 이내에 가맹금의 반환을 요구하는 경우

④ 가맹본부가 정당한 사유 없이 가맹사업을 일방적으로 중단하고 가맹점사업자가 가맹
사업의 중단일부터 4개월 이내에 가맹금의 반환을 요구하는 경우

참고   「가맹사업거래의 공정화에 관한 법률 시행령」 제11조
        「가맹사업거래의 공정화에 관한 법률」 제10조 제1항

가맹금의 반환을 원하는 가맹점사업자 또는 가맹희망자는 ① 가맹점사
업자 또는 가맹희망자의 주소·성명 ② 가맹본부가 허위 또는 과장된 정보를 제
공하거나 중요사항을 누락한 사실 ③ 가맹본부가 허위 또는 과장된 정보를 제
공하거나 중요사항을 누락하여 계약체결에 중대한 영향을 준 것으로 인정되
는 사실 ④ 가맹본부가 정당한 이유 없이 가맹사업을 일방적으로 중단한 사실
과 그 일자 ⑤ 반환대상이 되는 가맹금의 금액 ⑥ 가맹본부가 정보공개서를 제
공하지 아니한 사실 또는 정보공개서를 제공한 날부터 14일(가맹희망자가 정
보공개서에 대하여 변호사 또는 가맹거래사의 자문을 받은 경우에는 7일)이 지나지
아니한 상태에서 가맹희망자로부터 가맹금을 수령하거나 가맹희망자와

가맹계약을 체결한 사실과 그 날짜가 기재된 서면으로 요구해야 한다. 가맹본부는 가맹희망자나 가맹점사업자에게 서면으로 요구받은 날부터 1개월 이내에 가맹금을 반환해야 한다.

참고	「가맹사업거래의 공정화에 관한 법률 시행령」 제10조
	「가맹사업거래의 공정화에 관한 법률」 제10조 제1항

저자

- **신하나**

  현) 법무법인 덕수 구성원 변호사, 가맹거래사

     서울지방변호사회 중소벤처기업법 포럼 이사

     서울지방변호사회 인권위원

     대한변호사협회 총회 예결산심의위원

     소상공인시장진흥공단 폐업 및 재기 소상공인 법률자문, 심화상담 용역 PM

     법률신문 '지금은 청년시대' 필진

     스타트업 전문지 '벤쳐스퀘어' 필진

가맹거래사 7인이 들려주는
프랜차이즈 창업 안내서 (개정판)

2판 1쇄 개정판 발행 2022년 8월 30일

저자 김원섭 민경화 박재우 신하나 양찬모 정초영 홍희진
표지 브랜드앤디자인마임
삽화 김서진 권민석

편집 김다인
마케팅 박가영 **총괄** 신선미

펴낸곳 하움출판사 **펴낸이** 문현광

이메일 haum1000@naver.com **홈페이지** haum.kr
블로그 blog.naver.com/haum1000 **인스타그램** @haum1007

ISBN 979-11-6440-203-8(03320)